TRANZLATY

Language is for everyone

ژبه د هر چا لپاره ده

The Call of the Wild

د وحشي غږ

Jack London

English / پښتو

Into the Primitive
په ابتدايي حالت کې

Buck did not read the newspapers.

باک ورځپاڼې نه لوستلې.

Had he read the newspapers he would have known trouble was brewing.

که هغه ورځپاڼې لوستلې وای نو هغه به پوهېدلی وای چې ستونزه په راپورته کېدو ده.

There was trouble not alone for himself, but for every tidewater dog.

یوازې د هغه لپاره نه، بلکې د هر سمندري سپي لپاره ستونزه وه.

Every dog strong of muscle and with warm, long hair was going to be in trouble.

هر سپی چې عضلات یې قوي وو او ګرم او اوږده ویښتان یې درلودل، له ستونزو سره مخ وو.

From Puget Bay to San Diego no dog could escape what was coming.

له پوګټ خلیج څخه تر سان ډیاګو پورې هیڅ سپی نشو کولی له هغه څه څخه وتښتي چې راتلل.

Men, groping in the Arctic darkness, had found a yellow metal.

سړیو، چې د شمالي قطب په تیاره کې یې لاس وهلو، یو ژیړ فلز وموند.

Steamship and transportation companies were chasing the discovery.

د بخارۍ او ترانسپورټ شرکتونه د دې کشف په لټه کې وو.

Thousands of men were rushing into the Northland.

په زرګونو سړي د شمالي سیمې په لور منډه وهله.

These men wanted dogs, and the dogs they wanted were heavy dogs.

دغو سړیو سپي غوښتل، او هغه سپي چې دوی یې غوښتل درانه سپي وو.

Dogs with strong muscles by which to toil.

هغه سپي چې قوي عضلات لري چې کار پرې وکړي.

Dogs with furry coats to protect them from the frost.

سپي چې د یخنۍ څخه د ساتنې لپاره د ویښتو پوښونه لري.

Buck lived at a big house in the sun-kissed Santa Clara Valley.

باک د لمر ښکل شوي سانتا کلارا درې په یوه لوی کور کې ژوند کاوه۔

Judge Miller's place, his house was called.

د قاضي میلر ځای، د هغه کور بلل شوی و۔

His house stood back from the road, half hidden among the trees.

د هغه کور د سړک څخه شاته و، نیم یې د ونو په مینځ کې پټ و۔

One could get glimpses of the wide veranda running around the house.

یو څوک کولی شي د کور شاوخوا د پراخ برنډې لید تر لاسه کړي۔

The house was approached by graveled driveways.

کور ته د جغل لرونکو لارو له لارې نږدې کېدل۔

The paths wound about through wide-spreading lawns.

لارې د پراخو چمنونو له لارې تېرېدې۔

Overhead were the interlacing boughs of tall poplars.

د لوړو چنارونو څانګې په سر کې سره یو ځای شوې وې۔

At the rear of the house things were on even more spacious.

د کور په شا کې شیان نور هم پراخ وو۔

There were great stables, where a dozen grooms were chatting

هلته لوی اصطبلونه وو، چیرې چې دولس زومان خبرې کولې

There were rows of vine-clad servants' cottages

د انګورو پوښل شویو نوکرانو د کورونو قطارونه وو

And there was an endless and orderly array of outhouses

او د بهر کورونو بې پایه او منظم لړۍ وه

Long grape arbors, green pastures, orchards, and berry patches.

د انګورو اوږده ونې، شنه څړځایونه، باغونه، او د بیرې توتې۔

Then there was the pumping plant for the artesian well.

بیا د آرتیسین څاه لپاره د پمپ کولو فابریکه وه۔

And there was the big cement tank filled with water.

او هلته د سمنټو لوی ټانک وو چې له اوبو ډک و۔

Here Judge Miller's boys took their morning plunge.

دلته د قاضي میلر هلکانو سهارنۍ غوټه واخیسته۔

And they cooled down there in the hot afternoon too.

او دوی هلته په ګرمه ماسپښین کې هم سړه شول۔

And over this great domain, Buck was the one who ruled all of it.

او په دې لویه سیمه کې، بک هغه څوک و چې په دې ټولو یې واکمني کوله.

Buck was born on this land and lived here all his four years.

باک په دې ځمکه کې زیږیدلی و او خپل ټول څلور کاله یې دلته ژوند کړی و.

There were indeed other dogs, but they did not truly matter.

په حقیقت کې نور سپي هم وو، خو هغوی په ریښتیا سره مهم نه وو.

Other dogs were expected in a place as vast as this one.

د دې په څېر پراخ ځای کې د نورو سپو تمه کېده.

These dogs came and went, or lived inside the busy kennels.

دا سپي راغلل او لاړل، یا یې په ګڼه ګونه لرونکو کینالونو کې ژوند کاوه.

Some dogs lived hidden in the house, like Toots and Ysabel did.

ځینې سپي په کور کې پټ اوسېدل، لکه توټس او یسابیل.

Toots was a Japanese pug, Ysabel a Mexican hairless dog.

توټس یو جاپاني سپی وو، یسابیل یو مکسیکویی بې ویښتان سپی وو.

These strange creatures rarely stepped outside the house.

دا عجیب مخلوقات په ندرت سره له کوره بهر قدم ایښود.

They did not touch the ground, nor sniff the open air outside.

دوی نه ځمکې ته لاس ورغی او نه یې بهر خلاصه هوا بوی کړه.

There were also the fox terriers, at least twenty in number.

د ګیدړ تیریرونه هم وو، چې لږترلږه شل یې شمیر وو.

These terriers barked fiercely at Toots and Ysabel indoors.

دغو تیریرانو په کور دننه په توټس او یسابیل باندې په سختۍ سره غپا وهله.

Toots and Ysabel stayed behind windows, safe from harm.

توټس او یسابیل د کړکیو شاته پاتې شول، له زیان څخه خوندي وو.

They were guarded by housemaids with brooms and mops.

د کور د نوکرانو لخوا د جارو او مسح سره ساتل کیده.

But Buck was no house-dog, and he was no kennel-dog either.

خو بک د کور سپی نه و، او نه هم د کینیل سپی و.

The entire property belonged to Buck as his rightful realm.

تولہ ملکیت د بک د هغه د قانوني سیمې په توګه و.
Buck swam in the tank or went hunting with the Judge's sons.
بک په ټانک کې لامبو وهله یا د قاضي د زامنو سره ښکار ته لاړ.
He walked with Mollie and Alice in the early or late hours.
هغه به د سهار یا ناوخته له مولي او الیس سره ګرځېده.
On cold nights he lay before the library fire with the Judge.
په سړو شپو کې به هغه د قاضي سره د کتابتون د اور په وړاندې پروت و.
Buck gave rides to the Judge's grandsons on his strong back.
باک د قاضي لمسیانو ته په خپل قوي شا باندې سواری ورکړه.
He rolled in the grass with the boys, guarding them closely.
هغه د هلکانو سره په واښو کې ګرځېده، او په کلکه یې ساتنه کوله.
They ventured to the fountain and even past the berry fields.
دوی د فوارې په لور لاړل او حتی د بیري کروندو څخه تیر شول.
Among the fox terriers, Buck walked with royal pride always.
د ګیدړو ټیریرانو په منځ کې، بک تل په شاهي ویاړ سره ګرځېده.
He ignored Toots and Ysabel, treating them like they were air.
هغه توټس او یسابیل له پامه غورځول، او له هغوی سره یې داسې چلند کاوه لکه دوی هوا وي.
Buck ruled over all living creatures on Judge Miller's land.
باک د قاضي میلر په ځمکه کې پر ټولو ژوندیو موجوداتو واکمني کوله.
He ruled over animals, insects, birds, and even humans.
هغه په ځارویو، حشراتو، مرغیو او حتی انسانانو واکمني کوله.
Buck's father Elmo had been a huge and loyal St. Bernard.
د باک پلار ایلمو یو لوی او وفادار سینټ برنارډ و.
Elmo never left the Judge's side, and served him faithfully.
ایلمو هیڅکله د قاضي له څنګ نه ووت، او په وفادارۍ سره یې د هغه خدمت وکړ.
Buck seemed ready to follow his father's noble example.
داسې ښکاریده چې باک د خپل پلار د عالي مثال تعقیبولو ته چمتو و.
Buck was not quite as large, weighing one hundred and forty pounds.
هګی دومره لویه نه وه، وزن یې یو سل او څلوېښت پونډه وو.

His mother, Shep, had been a fine Scotch shepherd dog.

د هغه مور، شیپ، یو ښه سکاټلینډي شپانه سپی وو.

But even at that weight, Buck walked with regal presence.

خو حتی په دې وزن سره، بک د شاهي حضور سره روان شو.

This came from good food and the respect he always received.

دا د ښه خوړو او هغه درناوي څخه راغلی چې هغه تل ترلاسه کاوه.

For four years, Buck had lived like a spoiled nobleman.

څلور کاله، باک د یو خراب شوي اشراف په څیر ژوند کاوه.

He was proud of himself, and even slightly egotistical.

هغه په ځان ویاړ درلود، او حتی یو څه مغرور هم و.

That kind of pride was common in remote country lords.

دا ډول غرور په لرې پرتو کلیو بادارانو کې عام و.

But Buck saved himself from becoming pampered house-dog.

خو بک ځان د لاډ پالل شوي کور سپي کیدو څخه وژغوره.

He stayed lean and strong through hunting and exercise.

هغه د ښکار او تمرین له لارې کمزوری او پیاوړی پاتې شو.

He loved water deeply, like people who bathe in cold lakes.

هغه له اوبو سره ژوره مینه درلوده، لکه هغه خلک چې په سړو جهیلونو کې حمام کوي.

This love for water kept Buck strong, and very healthy.

د اوبو سره دې مینې بک پیاوړی او ډېر روغ وساته.

This was the dog Buck had become in the fall of 1897.

دا هغه سپی وو چې بک د ۱۸۹۷ کال په مني کې بدل شوی وو.

When the Klondike strike pulled men to the frozen North.

کله چې د کلونډیک برید سړي کنګل شوي شمال ته کش کړل.

People rushed from all over the world into the cold land.

خلک له ټولې نړۍ څخه سړې ځمکې ته ورغلل.

Buck, however, did not read the papers, nor understand news.

خو، باک نه ورځپاڼې لوستلې او نه یې خبرونه درک کول.

He did not know Manuel was a bad man to be around.

هغه نه پوهیده چې مانویل یو بد سړی دی چې شاوخوا وي.

Manuel, who helped in the garden, had a deep problem.

مانویل، چې په باغ کې یې مرسته کوله، یوه ژوره ستونزه درلوده.

Manuel was addicted to gambling in the Chinese lottery.

مانويل په چينايي لاټرۍ کې د قمار کولو روږدي و.
He also believed strongly in a fixed system for winning.
هغه د ګټلو لپاره په يو ثابت سيستم هم قوي باور درلود.
That belief made his failure certain and unavoidable.
دې باور د هغه ناکامي يقيني او نه ختميدونکې کړه.
Playing a system demands money, which Manuel lacked.
د سيستم لوبول پيسې غواړي، کوم چې مانويل يې نه درلود.
His pay barely supported his wife and many children.
د هغه معاش په سختۍ سره د هغه ميرمنې او ډيرو ماشومانو ملاتړ کاوه.
On the night Manuel betrayed Buck, things were normal.
په هغه شپه چې مانويل له باک سره خيانت وکړ، شيان عادي وو.
The Judge was at a Raisin Growers' Association meeting.
قاضي د کشمش کروندګرو ټولنې په غونډه کې وو.
The Judge's sons were busy forming an athletic club then.
د قاضي زامن هغه وخت د اتليټيک کلب په جوړولو بوخت وو.
No one saw Manuel and Buck leaving through the orchard.
هيچا مانويل او بک د باغ له لارې د وتلو په حال کې ونه ليدل.
Buck thought this walk was just a simple nighttime stroll.
باک فکر کاوه چې دا يوازې د شپې يو ساده ګرځېدل دي.
They met only one man at the flag station, in College Park.
دوی يوازې يو سړی سره د کالج پارک په فليګ سټيشن کې وليدل.
That man spoke to Manuel, and they exchanged money.
هغه سړي له مانويل سره خبرې وکړې، او دوی پيسې تبادله کړې.
"Wrap up the goods before you deliver them," he suggested.
هغه وړانديز وکړ- توکو له سپارلو دمخه يې وتړئ" -"
The man's voice was rough and impatient as he spoke.
د سړي غږ سخت او بې صبره و کله چې هغه خبرې کولې.
Manuel carefully tied a thick rope around Buck's neck.
مانويل په ډير احتياط سره د باک په غاړه کې يو غټ رسی وتړلو.
"Twist the rope, and you'll choke him plenty"
"رسی تاو کړه، او ته به يې ډېر خفه کړې"
The stranger gave a grunt, showing he understood well.
اجنبي سړي يو غضبناک غږ وکړ، او و يې ښودله چې هغه ښه پوهيږي.
Buck accepted the rope with calm and quiet dignity that day.
باک په هغه ورځ په ارام او ارام وقار سره رسی ومنله.
It was an unusual act, but Buck trusted the men he knew.

دا یو غیر معمولي عمل و، خو بک په هغو سړیو باور درلود چې هغه یې پیژندل.
He believed their wisdom went far beyond his own thinking.
هغه باور درلود چې د دوی حکمت د هغه له خپل فکر څخه ډېر لرې و.
But then the rope was handed to the hands of the stranger.
خو بیا رسی د هغه نا اشنا کس لاس ته وسپارل شوه.
Buck gave a low growl that warned with quiet menace.
باک یو ټیټ غړ وکړ چې په خاموش ګواښ سره یې خبرداری ورکړ.
He was proud and commanding, and meant to show his displeasure.
هغه ویاړلی او امر کوونکی و، او غوښتل یې چې خپله نارضایتي وښیي.
Buck believed his warning would be understood as an order.
باک باور درلود چې د هغه خبرداری به د امر په توګه درک شي.
To his shock, the rope tightened fast around his thick neck.
هغه حیران شو، رسی یې د هغه د غټې غاړې شاوخوا په چټکۍ سره ټینګه شوه.
His air was cut off and he began to fight in a sudden rage.
د هغه هوا پرې شوه او هغه په ناڅاپي ډول په قهر سره جګړه پیل کړه.
He sprang at the man, who quickly met Buck in mid-air.
هغه په سړي توپ وواهه، چې په چټکۍ سره یې په هوا کې له بک سره ولیدل.
The man grabbed Buck's throat and skillfully twisted him in the air.
سړي د باک ستونی ونیو او په مهارت سره یې په هوا کې تاو کړ.
Buck was thrown down hard, landing flat on his back.
باک په زور سره وغورځول شو، په شا یې سم ولوېد.
The rope now choked him cruelly while he kicked wildly.
رسی اوس هغه په ظالمانه ډول ودراوه پداسې حال کې چې هغه په وحشیانه ډول لات وهلو.
His tongue fell out, his chest heaved, but gained no breath.
ژبه یې ولوېده، سینه یې تکان وخوړ، خو ساه یې ونه اخیسته.
He had never been treated with such violence in his life.
په خپل ژوند کې یې هیڅکله داسې تاوتریخوالی نه و لیدلی.
He had also never been filled with such deep fury before.
هغه هم مخکې هیڅکله د دومره ژور غوسې څخه ډک نه و.

But Buck's power faded, and his eyes turned glassy.

خو د باک ځواک کم شو، او سترګي يې بنيښني شوې.

He passed out just as a train was flagged down nearby.

هغه بې هوښه شو کله چې نږدې يو اورګاډی ودرول شو.

Then the two men tossed him into the baggage car quickly.

بیا دواړو سړيو هغه په چټکۍ سره د سامان په موټر کې وغورځاوه.

The next thing Buck felt was pain in his swollen tongue.

بل شی چې باک احساس کړ هغه د هغه په پړسېدلې ژبه کې درد و.

He was moving in a shaking cart, only dimly conscious.

هغه په يوه لړزېدونکې ګاډۍ کې حرکت کاوه، يوازې په تياره توګه يې هوش نه درلود.

The sharp scream of a train whistle told Buck his location.

د اورګاډي د سيټي تيز چيغې باک ته د هغه موقعيت وښود.

He had often ridden with the Judge and knew the feeling.

هغه ډېر ځله له قاضي سره موټر چلاوه او احساس يې پوهيده.

It was the unique jolt of traveling in a baggage car again.

دا بيا په سامان بار موټر کې د سفر کولو يو ځانګړی تکان و.

Buck opened his eyes, and his gaze burned with rage.

باک خپلې سترګې پرانيستې، او سترګې يې له غوسې ډکې وې.

This was the anger of a proud king taken from his throne.

دا د يو مغرور پاچا غوسه وه چې له خپل تخت څخه ايستل شوی وه.

A man reached to grab him, but Buck struck first instead.

يو سړی د هغه د نيولو لپاره لاس ورغی، خو بک لومړی ګوزار وکړ.

He sank his teeth into the man's hand and held tightly.

هغه خپل غاښونه د سړي په لاس کې ډوب کړل او ټينګ يې ونيول.

He did not let go until he blacked out a second time.

هغه تر هغه وخته پورې نه پرېښود چې دوهم ځل يې سترګې پټې شوې.

"Yep, has fits," the man muttered to the baggageman.

سړي د سامان وړونکي ته په غوسه وويل.هو، ټپونه يې راغلي دي" -"

The baggageman had heard the struggle and come near.

د سامان وړونکي د مبارزې غږ واورېد او نږدې راغی.

"I'm taking him to 'Frisco for the boss," the man explained.

سړي تشريح کړه.زه هغه 'د مشر لپاره فريسکو 'ته وړم" -"

"There's a fine dog-doctor there who says he can cure them."

هلته يو ښه سپي ډاکتر شته چې وايي هغه کولی شي د دوی درملنه " وکړي-"

Later that night the man gave his own full account.
وروسته په هغه شپه سړي خپل بشپړ حساب ورکړ.
He spoke from a shed behind a saloon on the docks.
هغه د ډاکونو په سر د سالون شاته له یوې کوټې څخه خبرې کولې.
"All I was given was fifty dollars," he complained to the saloon man.
هغه د سالون سړي ته شکایت وکړ.ما ته یوازې پنځوس ډالر راکړل " شول."
"I wouldn't do it again, not even for a thousand in cold cash."
زه به بیا دا کار ونه کړم، حتی د زرو پیسو لپاره هم نه"."
His right hand was tightly wrapped in a bloody cloth.
د هغه ښي لاس په وینه لړلي توکر کې کلک نغښتل شوی و.
His trouser leg was torn wide open from knee to foot.
د هغه پتلون پښه له زنګون څخه تر پښو پورې پراخه څیرې شوې وه.
"How much did the other mug get paid?" asked the saloon man.
د سالون سړي وپوښتل."بل پیاله ته څومره پیسې ورکړل شوې؟"
"A hundred," the man replied, "he wouldn't take a cent less."
سړي ځواب ورکړ، "سل، هغه به یو سینټ هم کم نه اخلي."
"That comes to a hundred and fifty," the saloon man said.
د سالون سړي وویل.دا یو سل او پنځوس ته رسیږي" ."
"And he's worth it all, or I'm no better than a blockhead."
او هغه د دې ټولو ارزښت لري، که نه نو زه د یو بې کاره کس څخه " غوره نه یم."
The man opened the wrappings to examine his hand.
سړي د لاس د معاینې لپاره لفافې خلاصې کړې.
The hand was badly torn and crusted in dried blood.
لاس یې ډېر سخت ځوړند او په وچو وینو لړلی و.
"If I don't get the hydrophobia..." he began to say.
که زه د اوبو فوبیا نه پوهیږم"...هغه ویل پیل کړل ".
"It'll be because you were born to hang," came a laugh.
دا به ځکه وي چې ته د ځړولو لپاره زیږیدلی یې، "خندا راغله".
"Come help me out before you get going," he was asked.

له هغه څخه وپوښتل شول.راشه مخکې له دې چې لاړ شي زما سره " مرسته وکړه."
Buck was in a daze from the pain in his tongue and throat.
باک د ژبې او ستوني د درد له امله په بې هوښه حالت کې و.
He was half-strangled, and could barely stand upright.
هغه نیم زندۍ شوی و، او په سختۍ سره یې مستقیم ودرېدای شو.
Still, Buck tried to face the men who had hurt him so.
بیا هم، باک هڅه وکړه چې د هغو کسانو سره مخ شي چې هغه یې دومره ځورولی و.
But they threw him down and choked him once again.
خو هغوی هغه وغورځاوه او یو ځل بیا یې ساه بنده کړه.
Only then could they saw off his heavy brass collar.
یوازې بیا دوی وکولی شول چې د هغه درنه پیتل کالر ووینې.
They removed the rope and shoved him into a crate.
هغوی رسۍ لرې کړه او هغه یې په یوه صندوق کې واچاوه.
The crate was small and shaped like a rough iron cage.
صندوق کوچنی و او د یوې غټې اوسپنې پنجرې په څیر شکل یې درلود.
Buck lay there all night, filled with wrath and wounded pride.
باک ټوله شپه هلته پروت و، له غوسې او ټپي غرور څخه ډک و.
He could not begin to understand what was happening to him.
هغه نشو کولی پوه شي چې څه ورسره پیښېږي.
Why were these strange men keeping him in this small crate?
ولې دې عجیبو خلکو هغه په دې کوچنی بکس کې ساتلی و؟
What did they want with him, and why this cruel captivity?
دوی له هغه څخه څه غوښتل، او ولې دا ظالمانه اسیر؟
He felt a dark pressure; a sense of disaster drawing closer.
هغه یو تیاره فشار احساس کړ؛ د ناورین احساس نږدې کیده.
It was a vague fear, but it settled heavily on his spirit.
دا یوه ناڅرګنده ویره وه، خو په روح یې سخته اغیزه وکړه.
Several times he jumped up when the shed door rattled.
څو ځله هغه پورته شو کله چې د کوټې دروازه ټک ټک شوه.
He expected the Judge or the boys to appear and rescue him.
هغه تمه درلوده چې قاضي یا هلکان به راشي او هغه به وژغوري.

But only the saloon-keeper's fat face peeked inside each time.

خو هر ځل به یوازې د سالون ساتونکي غوړ مخ دننه کتل.

The man's face was lit by the dim glow of a tallow candle.

د سړي مخ د یوې توري شمعې د تیاره رڼا څخه روښانه شو.

Each time, Buck's joyful bark changed to a low, angry growl.

هر ځل، د باک د خوښۍ غږ په ټیټ او غوسه ناک غږ بدل شو.

The saloon-keeper left him alone for the night in the crate

د سالون ساتونکي هغه د شپې لپاره په کریټ کې یوازې پریښود.

But when he awoke in the morning more men were coming.

خو کله چې سهار راویښ شو، نور سړي هم راتلل.

Four men came and gingerly picked up the crate without a word.

څلور سړي راغلل او پرته له څه ویلو یې په احتیاط سره بکس پورته کړ.

Buck knew at once the situation he found himself in.

باک سمدلاسه پوه شو چې هغه په کوم حالت کې وموند.

They were further tormentors that he had to fight and fear.

دوی نور ځوروونکي وو چې هغه یې باید مبارزه او ویره ولري.

These men looked wicked, ragged, and very badly groomed.

دا سړي ډېر بد اخلاقه، چټل او ډېر بد سینګار شوي ښکارېدل.

Buck snarled and lunged at them fiercely through the bars.

باک چیغه کړه او د بارونو له لارې یې په کلکه وویشتله.

They just laughed and jabbed at him with long wooden sticks.

هغوی یوازې وخندل او د لرګیو په اوږدو لرګیو یې هغه وواهه.

Buck bit at the sticks, then realized that was what they liked.

بک په لرګیو چیچلی وکړ، بیا پوه شو چې دا هغه څه وو چې دوی یې خوښوي.

So he lay down quietly, sullen and burning with quiet rage.

نو هغه په خاموشۍ سره پروت و، خپه او د خاموش غوسې څخه سوځېدلی و.

They lifted the crate into a wagon and drove away with him.

دوی صندوق په یوه ګاډۍ کې پورته کړ او له هغه سره یې وتښتول.

The crate, with Buck locked inside, changed hands often.

هغه کریټ، چې بک یې دننه تړلی و، ډېر ځله به یې لاسونه بدلېدل.

Express office clerks took charge and handled him briefly.
د ایکسپریس دفتر مامورینو دنده په غاړه واخیسته او په لنډ ډول یې ورسره چلند وکړ.
Then another wagon carried Buck across the noisy town.
بیا یو بل واګون بک د شورماشور ښار ته ورساوه.
A truck took him with boxes and parcels onto a ferry boat.
یوې لارۍ هغه د بکسونو او پارسلونو سره په یوه بېړۍ کښتۍ کې یوړ.
After crossing, the truck unloaded him at a rail depot.
د تیریدو وروسته، لارۍ هغه د اورګاډي په یوه ډیپو کې کښته کړ.
At last, Buck was placed inside a waiting express car.
بالاخره، بک د انتظار په یوه ایکسپریس موټر کې کینول شو.
For two days and nights, trains pulled the express car away.
د دوو ورځو او دوو شپو لپاره، اورګاډي ایکسپریس موټر لرې کړ.
Buck neither ate nor drank during the whole painful journey.
باک په ټول دردناک سفر کې نه څه وخوړل او نه یې څښل.
When the express messengers tried to approach him, he growled.
کله چې ایکسپریس پیغام رسوونکو هڅه وکړه چې هغه ته نږدې شي، هغه وخندل.
They responded by mocking him and teasing him cruelly.
هغوی په ملنډو وهلو او په ظالمانه ډول یې ځورولو سره ځواب ورکړ.
Buck threw himself at the bars, foaming and shaking
باک ځان په بارونو کې وغورځاوه، فوم یې کاوه او لړزیده
they laughed loudly, and taunted him like schoolyard bullies.
هغوی په لوړ غږ وخندل، او د ښوونځي د ځورونکو په څیر یې ورته ملنډې ووهلې.
They barked like fake dogs and flapped their arms.
دوی د جعلي سپو په څیر غپیدل او لاسونه یې ښورول.
They even crowed like roosters just to upset him more.
دوی حتی د چرګانو په څیر بانګونه کول ترڅو هغه نور هم خپه کړي.
It was foolish behavior, and Buck knew it was ridiculous.
دا احمقانه چلند و، او بک پوهیده چې دا مسخره وه.
But that only deepened his sense of outrage and shame.
خو دې کار د هغه د غوسې او شرم احساس یوازې ژور کړ.

He was not bothered much by hunger during the trip.
د سفر په جریان کې هغه د لوږې څخه ډیر ځوریدلی نه و.
But thirst brought sharp pain and unbearable suffering.
خو تندې سخت درد او د نه زغملو وړ کړاو راوړ.
His dry, inflamed throat and tongue burned with heat.
د هغه وچ، پړسوب شوی ستونی او ژبه د تودوخې له امله سوځېدلې وه.
This pain fed the fever rising within his proud body.
دې درد د هغه په ویاړلي بدن کې د تبې راپورته کېدل تغذیه کړل.
Buck was thankful for one single thing during this trial.
باک د دې محاکمې په جریان کې د یوې شی لپاره مننه وکړه.
The rope had been removed from around his thick neck.
رسی یې د هغه د غټې غاړې څخه لیرې شوې وه.
The rope had given those men an unfair and cruel advantage.
رسی دغو سړیو ته غیر عادلانه او ظالمانه ګټه ورکړې وه.
Now the rope was gone, and Buck swore it would never return.
اوس رسی ورکه شوه، او بک قسم وخوړ چې هیڅکله به بیرته نه راځي.
He resolved no rope would ever go around his neck again.
هغه هوډ وکړ چې بیا به هیڅکله د هغه په غاړه کې رسی نه ګرځېږي.
For two long days and nights, he suffered without food.
د دوو اوږدو ورځو او شپو لپاره، هغه پرته له خوړو څخه رنځ وړه.
And in those hours, he built up an enormous rage inside.
او په دې ساعتونو کې، هغه دننه یو لوی غوسه جوړه کړه.
His eyes turned bloodshot and wild from constant anger.
د هغه سترګې د دوامداره غوسې له امله په وینو لړلې او وحشي شوې.
He was no longer Buck, but a demon with snapping jaws.
هغه نور باک نه و، بلکې یو شیطان و چې ژامې یې ماتې وې.
Even the Judge would not have known this mad creature.
حتی قاضي به دا لیونی مخلوق نه پیژندلی.
The express messengers sighed in relief when they reached Seattle
د ایکسپریس پیغام رسوونکو سیټل ته د رسیدو پر مهال د ارام ساه واخیسته
Four men lifted the crate and brought it to a back yard.
څلورو کسانو صندوق پورته کړ او شاته انګړ ته یې یوړ.
The yard was small, surrounded by high and solid walls.

انګړ کوچنی و، د لوړو او کلکو دیوالونو په شاوخوا کې و.
A big man stepped out in a sagging red sweater shirt.
یو غټ سړی په سور سویټر کمیس کې راووت.
He signed the delivery book with a thick and bold hand.
هغه د تحویلی کتاب په غټ او زړور لاس لاسلیک کړ.
Buck sensed at once that this man was his next tormentor.
باک سمدلاسه احساس وکړ چې دا سړی د هغه راتلونکی ځورونکی دی.
He lunged violently at the bars, eyes red with fury.
هغه په زوره په بارونو وواهه، سترګې یې له غوسې سره سورې وې.
The man just smiled darkly and went to fetch a hatchet.
سړي یوازې په تیارهٔ موسکا وکړه او د کوټې د راوړلو لپاره لاړ.
He also brought a club in his thick and strong right hand.
هغه په خپل غټ او قوي ښي لاس کې یو کلچه هم راوړه.
"You going to take him out now?" the driver asked, concerned.
موټر چلوونکي په اندېښنه کې وپوښتل."ته اوس هغه بهر بوځې؟"
"Sure," said the man, jamming the hatchet into the crate as a lever.
هو، "سړي وویل، د کوټې کوځه یې د لیور په توګه په کریټ کې بنده " کړه.
The four men scattered instantly, jumping up onto the yard wall.
څلور سړي سمدلاسه خواره واره شول، د انګړ دیوال ته یې ټوپ وواهه.
From their safe spots above, they waited to watch the spectacle.
دوی د پورته خوندي ځایونو څخه د دې تماشا لیدلو لپاره انتظار کاوه.
Buck lunged at the splintered wood, biting and shaking fiercely.
باک په توته توته لرګي ټوپ وواهه، په زوره یې چیچلو او لړزېدو.
Each time the hatchet hit the cage), Buck was there to attack it.
هر کله چې کوځه په پنجره ولګېده(، باک هلته وو چې پرې برید وکړي.
He growled and snapped with wild rage, eager to be set free.
هغه په وحشي غوسه چیغه کړه او چیغه یې کړه، د خلاصون لپاره لیواله و.
The man outside was calm and steady, intent on his task.
بهر سړی ارام او ثابت و، په خپل کار کې هوډمن و.

"Right then, you red-eyed devil," he said when the hole was large.

همدا اوس، ته سري سترګي شیطانه، "هغه وویل کله چې سوری لوی و"-

He dropped the hatchet and took the club in his right hand.

هغه کوخه وغورځوله او ډنډه یې په ښي لاس کې ونیوله-

Buck truly looked like a devil; eyes bloodshot and blazing.

باک په رښتیا هم د شیطان په څېر ښکارېده؛ سترګې یې وینې بهېدلې او سوځېدلې وې-

His coat bristled, foam frothed at his mouth, eyes glinting.

د هغه کوټ یې څڅېدلی و، په خوله کې یې ځګ راوتلی و، سترګې یې ځلېدلې-

He bunched his muscles and sprang straight at the red sweater.

هغه خپل عضلات راټول کړل او مستقیم په سور سویټر باندې منډه کړه-

One hundred and forty pounds of fury flew at the calm man.

یو سل او څلوېښت پونډه غصه په ارام سړي باندې وخوځېده-

Just before his jaws clamped shut, a terrible blow struck him.

مخکې له دې چې د هغه ژامې وتړل شي، یو وحشتناک ګوزار پرې وشو-

His teeth snapped together on nothing but air

غاښونه یې یوازې په هوا کې سره وخوځېدل

a jolt of pain reverberated through his body

د درد یوه څپه یې په بدن کې خپره شوه

He flipped midair and crashed down on his back and side.

هغه په هوا کې وغورځېد او په شا او اړخ یې وغورځېد-

He had never before felt a club's blow and could not grasp it.

هغه مخکې هیڅکله د کلب ضربه نه وه احساس کړې او نه یې درک کولی شو-

With a shrieking snarl, part bark, part scream, he leaped again.

هغه د یوې چیغې، یوې برخې د ږیرې او یوې برخې د چیغې سره بیا توپ وواهه-

Another brutal strike hit him and hurled him to the ground.

یو بل ظالمانه ګوزار پرې وشو او هغه یې په ځمکه وغورځاوه-

This time Buck understood—it was the man's heavy club.

دا ځل باک پوه شو - دا د سړي درنه لښته وه.
But rage blinded him, and he had no thought of retreat.
خو غوسې هغه ړوند کړ، او هغه د شاته تګ هیڅ فکر نه درلود.
Twelve times he launched himself, and twelve times he fell.
دولس ځله یې ځان وغورځاوه، او دولس ځله یې ولوېد.
The wooden club smashed him each time with ruthless, crushing force.
د لرګیو ډنډ به هر ځل هغه په بې رحمه او ماتوونکي ځواک سره ماتاوه.
After one fierce blow, he staggered to his feet, dazed and slow.
د یوې سختې ضربې وروسته، هغه په خپلو پښو ودرېد، حیران او ورو شو.
Blood ran from his mouth, his nose, and even his ears.
د هغه له خولې، پوزې او حتی غوږونو څخه وینه بهېده.
His once-beautiful coat was smeared with bloody foam.
د هغه یو وخت ښکلی کوټ په وینو لړلی فوم پوښل شوی و.
Then the man stepped up and struck a wicked blow to the nose.
بیا سړی پورته شو او په پوزه یې یو ناوړه ګوزار وکړ.
The agony was sharper than anything Buck had ever felt.
درد تر هغه څه ډېر تیز و چې بک یې هیڅکله احساس نه و کړی.
With a roar more beast than dog, he leaped again to attack.
هغه د سپي په پرتله د حیوان په لوړ غږ سره بیا کودتا وکړه چې برید وکړي.
But the man caught his lower jaw and twisted it backward.
خو سړي خپله ښکته ژامه ونیوله او شاته یې تاو کړه.
Buck flipped head over heels, crashing down hard again.
باک خپل سر د پښو په سر وخوځاوه، بیا په زوره وغورځېد.
One final time, Buck charged at him, now barely able to stand.
یو وروستی ځل، بک په هغه برید وکړ، اوس په سختۍ سره د ودریدو توان لري.
The man struck with expert timing, delivering the final blow.
سړي په ماهر وخت سره ګوزار وکړ، او وروستی ګوزار یې ورکړ.
Buck collapsed in a heap, unconscious and unmoving.

باک په یوه ګڼه ګونه کې راپرېوت، بې هوښه او بې حرکته.
"He's no slouch at dog-breaking, that's what I say," a man yelled.
یو سړي چیغه کړه.هغه د سپو په ماتولو کې سست نه دی، دا هغه څه " دي چې زه يې وايم."
"Druther can break the will of a hound any day of the week."
دروټر کولی شي د اونۍ په هره ورځ د سپي اراده مات کړي"."
"And twice on a Sunday!" added the driver.
موټر چلوونکي زياته کړه.او دوه ځله د یکشنبې په ورځ" ."
He climbed into the wagon and cracked the reins to leave.
هغه په ګاډي کې وخوت او د وتلو لپاره يې باموني مات کړل.
Buck slowly regained control of his consciousness
باک ورو ورو د خپل شعور کنټرول ترلاسه کړ
but his body was still too weak and broken to move.
خو بدن يې لا هم ډېر کمزوری او مات و چې حرکت يې نشوای کولای.
He lay where he had fallen, watching the red-sweatered man.
هغه په هغه ځای کې پروت و چې غورځېدلی و، او د سور رنګه سړي په لټه کې و.
"He answers to the name of Buck," the man said, reading aloud.
سړي په لوړ غږ وویل، "هغه د باک نوم ته ځواب ورکوي."
He quoted from the note sent with Buck's crate and details.
هغه د هغه یادښت څخه نقل وکړ چې د باک د بکس او جزئیاتو سره لیږل شوی و.
"Well, Buck, my boy," the man continued with a friendly tone,
،ښه، بک، زما هلک، "سړي په دوستانه غږ سره دوام ورکړ "
"we've had our little fight, and now it's over between us."
موږ خپله کوچنۍ جګړه درلوده، او اوس زموږ ترمنځ پای ته رسېده"."
"You've learned your place, and I've learned mine," he added.
هغه زیاته کړه.تاسو خپل ځای زده کړی دی، او ما خپل ځای زده کړی " دی."
"Be good, and all will go well, and life will be pleasant."

ښه اوسه، او هرڅه به ښه شي، او ژوند به خوندور وي"-"
"But be bad, and I'll beat the stuffing out of you, understand?"
"خو بد شه، او زه به ستا ډکول مات کړم، پوهیږې؟"
As he spoke, he reached out and patted Buck's sore head.
کله چې هغه خبرې کولې، هغه لاس پورته کړ او د باک دردمن سر یې وخوځاوه.
Buck's hair rose at the man's touch, but he didn't resist.
د سړي په لمس کولو سره د باک ویښتان پورته شول، خو هغه مقاومت ونه کړ.
The man brought him water, which Buck drank in great gulps.
سړي ورته اوبه راوړې، چې باک په ډېر ژړا سره وڅښلې.
Then came raw meat, which Buck devoured chunk by chunk.
بیا خام غوښه راغله، چې بک ټوټه ټوټه وخوړله.
He knew he was beaten, but he also knew he wasn't broken.
هغه پوهیده چې وهل شوی و، خو دا هم پوهیده چې مات شوی نه و.
He had no chance against a man armed with a club.
هغه د یو وسله وال سړي په وړاندې هیڅ چانس نه درلود چې په لرګیو سمبال و.
He had learned the truth, and he never forgot that lesson.
هغه حقیقت زده کړی و، او هغه هیڅکله دا درس هیر نه کړ.
That weapon was the beginning of law in Buck's new world.
دا وسله د باک په نوې نړۍ کې د قانون پیل و.
It was the start of a harsh, primitive order he could not deny.
دا د یو سخت او ابتدایي نظم پیل و چې هغه یې رد نشوای کړای.
He accepted the truth; his wild instincts were now awake.
هغه حقیقت ومانه؛ د هغه وحشي غریزونه اوس ویښ وو.
The world had grown harsher, but Buck faced it bravely.
نړۍ سخته شوې وه، خو باک په زړورتیا سره ورسره مخ شو.
He met life with new caution, cunning, and quiet strength.
هغه له ژوند سره د نوي احتیاط، چالاکۍ او خاموش ځواک سره مخ شو.
More dogs arrived, tied in ropes or crates like Buck had been.

نور سپي هم راغلل، لکه بک چې په رسی یا صندوقونو کې تړل شوي وو-
Some dogs came calmly, others raged and fought like wild beasts.
ځیني سپي په ارامه راغلل، نور یې په غوسه شول او د وحشي ځناورو په څیر یې جګړه وکړه-
All of them were brought under the rule of the red-sweatered man.
ټول یې د سره رنګه سړي تر واکمنۍ لاندې راوستل شول-
Each time, Buck watched and saw the same lesson unfold.
هر ځل، باک ورته درس لیدل او څرګندیدل یې ولیدل-
The man with the club was law; a master to be obeyed.
هغه سړی چې د کلپ سره و، قانون و؛ یو بادار چې باید اطاعت یې وشي-
He did not need to be liked, but he had to be obeyed.
هغه ته اړتیا نه وه چې خوښ شي، مګر باید د هغه اطاعت وشي-
Buck never fawned or wagged like the weaker dogs did.
باک هیڅکله د کمزورو سپیو په څیر نه شوای ښورولی او نه یې ښورولی-
He saw dogs that were beaten and still licked the man's hand.
هغه سپي ولیدل چې وهل شوي وو او بیا هم د سړي لاسونه چاټ کول-
He saw one dog who would not obey or submit at all.
هغه یو سپی ولید چې هیڅ یې اطاعت یا تسلیم نه کړ-
That dog fought until he was killed in the battle for control.
هغه سپی تر هغه وخته پورې جګړه وکړه چې د کنترول لپاره په جګړه کې ووژل شو-
Strangers would sometimes come to see the red-sweatered man.
نا اشنا خلک به کله ناکله د سره رنګه سړي لیدو ته راتلل-
They spoke in strange tones, pleading, bargaining, and laughing.
دوی په عجیبو غږونو خبرې کولې، زارۍ یې کولې، معامله یې کوله، او خانده-
When money was exchanged, they left with one or more dogs.
کله چې پیسې تبادله شوې، دوی د یو یا ډیرو سپیو سره لاړل-

Buck wondered where these dogs went, for none ever returned.

باک حیران شو چې دا سپي چیرته لاړل، ځکه چې هیڅ یو بیرته نه دی راغلی۔

fear of the unknown filled Buck every time a strange man came

هر کله چې یو عجیب سړی راغی، د نامعلوم ویره به ډکه وه بک

he was glad each time another dog was taken, rather than himself.

هغه به هر ځل خوشحاله و چې د ځان پر ځای به بل سپی تښتول کېده۔

But finally, Buck's turn came with the arrival of a strange man.

خو بالاخره، د باک وار د یو عجیب سړي په راتګ سره راغی۔

He was small, wiry, and spoke in broken English and curses.

هغه کوچنی، چالاک و، او په مات انګلیسي ژبه یې خبرې کولې او لعنتونه یې ویل۔

"Sacredam!" he yelled when he laid eyes on Buck's frame.

مقدسه"۔هغه چیغه کړه کله چې یې د باک په چوکاټ سترګې ولګېدې "۔

"That's one damn bully dog! Eh? How much?" he asked aloud.

دا یو ډېر بدمعاش سپی دی"۔اه؟ څومره؟ "هغه په لوړ غږ وپوښتل ۔

"Three hundred, and he's a present at that price,"

"،درې سوه، او هغه په دې قیمت یوه ډالۍ ده"

"Since it's government money, you shouldn't complain, Perrault."

څرنګه چې دا د حکومت پیسې دي، نو ته باید شکایت ونه کړې، " پیرولټ۔"

Perrault grinned at the deal he had just made with the man.

پیرولټ په هغه معامله موسکی شو چې هغه یې له سړي سره کړې وه۔

The price of dogs had soared due to the sudden demand.

د ناڅاپي تقاضا له امله د سپیو بیه لوړه شوې وه۔

Three hundred dollars wasn't unfair for such a fine beast.

د داسې ښکلي حیوان لپاره درې سوه ډالر غیر عادلانه نه وو۔

The Canadian Government would not lose anything in the deal

د کاناډا حکومت به په دې تړون کې هیڅ شی له لاسه ورنکړي۔

Nor would their official dispatches be delayed in transit.

او نه به د دوی رسمي لیږدونه په لیږد کې ځنډول کیږي.
Perrault knew dogs well, and could see Buck was something rare.
پیرولټ سپي ښه پیژندل، او لیدلی یې وو چې بک یو نادر شی دی.
"One in ten ten-thousand," he thought, as he studied Buck's build.
په لسو لسو زرو کې یو، "هغه فکر وکړ، لکه څنګه چې هغه د باک " جوړښت مطالعه کړ.
Buck saw the money change hands, but showed no surprise.
باک د پیسو د بدلون شاهد وو، خو هیڅ حیرانتیا یې ونه ښوده.
Soon he and Curly, a gentle Newfoundland, were led away.
ډېر ژر هغه او کورلي، یو نرم نیوفونډلینډ، لرې بوتلل شول.
They followed the little man from the red sweater's yard.
دوی د سور سویټر انګړ څخه د کوچني سړي تعقیب وکړ.
That was the last Buck ever saw of the man with the wooden club.
دا د باک وروستی ځل و چې د لرګیو د لرګي سره سړی یې ولید.
From the Narwhal's deck he watched Seattle fade into the distance.
د ناروال له ډیک څخه هغه د سیټل لیدل چې په لرې واټن کې ورک شو.
It was also the last time he ever saw the warm Southland.
دا وروستی ځل هم و چې هغه ګرم ساوتلینډ ولید.
Perrault took them below deck, and left them with François.
پیرولټ هغوی د ډیک لاندې بوتلل، او فرانسوا ته یې پریښودل.
François was a black-faced giant with rough, calloused hands.
فرانسوا یو تور مخی لوی سړی و چې لاسونه یې سخت او بې حسه وو.
He was dark and swarthy; a half-breed French-Canadian.
هغه تیاره او تیاره رنګ درلود؛ یو نیم نسل فرانسوی - کاناډایی.
To Buck, these men were of a kind he had never seen before.
د باک لپاره، دا سړي داسې وو چې هغه مخکې هیڅکله نه وو لیدلي.
He would come to know many such men in the days ahead.
هغه به په راتلونکو ورځو کې ډېر داسې سړي وپیژني.
He did not grow fond of them, but he came to respect them.
هغه له هغوی سره مینه نه درلوده، خو د هغوی درناوی یې کاوه.
They were fair and wise, and not easily fooled by any dog.
دوی عادل او هوښیار وو، او په اسانۍ سره د کوم سپي لخوا نه غولیدل.

They judged dogs calmly, and punished only when deserved.

دوی د سپو په اړه په ارامۍ سره قضاوت کاوه، او یوازې هغه وخت یې سزا ورکوله کله چې مستحق وو.

In the Narwhal's lower deck, Buck and Curly met two dogs.

د ناروال په ښکته ډیک کې، بک او کرلي دوه سپي ولیدل.

One was a large white dog from far-off, icy Spitzbergen.

یو یې د لرې، یخ سپیتزبرګن څخه یو لوی سپین سپی و.

He'd once sailed with a whaler and joined a survey group.

هغه یو ځل د نهنګ کبانو سره په سمندر کې سفر کړی و او د سروې ډلې سره یوځای شوی و.

He was friendly in a sly, underhanded and crafty fashion.

هغه په چالاک، پټ او چالاک ډول دوستانه و.

At their first meal, he stole a piece of meat from Buck's pan.

د دوی په لومړي ډوډۍ کې، هغه د باک له لوښي څخه د غوښې یوه ټوټه غلا کړه.

Buck jumped to punish him, but François's whip struck first.

باک د سزا ورکولو لپاره ټوپ وواهه، خو د فرانسوا کوټه لومړی ولګېده.

The white thief yelped, and Buck reclaimed the stolen bone.

سپین غل چیغه کړه، او بک غلا شوی هډوکی بیرته تر لاسه کړ.

That fairness impressed Buck, and François earned his respect.

دې انصاف باک متاثر کړ، او فرانسوا خپل درناوی تر لاسه کړ.

The other dog gave no greeting, and wanted none in return.

بل سپي سلام ونه کړ، او په بدل کې یې هیڅ ونه غوښتل.

He didn't steal food, nor sniff at the new arrivals with interest.

هغه خواړه نه غلا کول، او نه یې په لیوالتیا سره نوي راغلي کسان بوی کول.

This dog was grim and quiet, gloomy and slow-moving.

دا سپی ډېر بد او خاموش، خپه او ورو حرکت کوونکی و.

He warned Curly to stay away by simply glaring at her.

هغه کرلي ته خبرداری ورکړ چې یوازې هغې ته په کتلو سره لرې پاتې شي.

His message was clear; leave me alone or there'll be trouble.

د هغه پیغام واضح و؛ ما یوازې پرېږده یا ستونزه به وي.
He was called Dave, and he barely noticed his surroundings.
هغه ډیو نومېده، او هغه په سختۍ سره خپل شاوخوا ځایونه ولیدل.
He slept often, ate quietly, and yawned now and again.
هغه ډېر وخت ویده کېده، په ارامه به یې خوړل، او کله ناکله به یې ارږمې وهله.

The ship hummed constantly with the beating propeller below.
کښتۍ په دوامداره توګه د لاندې ضربه کوونکي پروپیلر سره غږېده.
Days passed with little change, but the weather got colder.
ورځې په لږ بدلون سره تېرې شوې، خو هوا سړه شوه.
Buck could feel it in his bones, and noticed the others did too.
باک دا په خپلو هډوکو کې احساس کولی شو، او ولیدل چې نورو هم دا احساس کاوه.
Then one morning, the propeller stopped and all was still.
بیا یوه سهار، پروپیلر ودرېد او هرڅه ولاړ وو.
An energy swept through the ship; something had changed.
په کښتۍ کې یوه انرژي خپره شوه؛ یو څه بدل شوي وو.
François came down, clipped them on leashes, and brought them up.
فرانسوا ښکته راغی، په پټیو یې وتړل او پورته یې کړل.
Buck stepped out and found the ground soft, white, and cold.
باک بهر راووت او ځمکه یې نرمه، سپینه او سړه وموندله.
He jumped back in alarm and snorted in total confusion.
هغه په وېره کې بیرته توپ کړ او په بشپړ ګډوډۍ کې یې خوله ووهله.
Strange white stuff was falling from the gray sky.
له خړ اسمان څخه عجیب سپین شیان راوتل.
He shook himself, but the white flakes kept landing on him.
هغه ځان وښوروه، خو سپینې توټې یې پر سر راپرېوتې.
He sniffed the white stuff carefully and licked at a few icy bits.
هغه سپین شیان په دقت سره بوی کړل او یو څو یخ توټې یې وڅټلې.
The powder burned like fire, then vanished right off his tongue.

پوډر د اور په څېر وسوځېد، بیا یې له ژبې څخه سمدلاسه ورک شو.
Buck tried again, puzzled by the odd vanishing coldness.
باک بیا هڅه وکړه، د عجیب ورکیدونکي سړې هوا له امله حیران شو.
The men around him laughed, and Buck felt embarrassed.
د هغه شاوخوا سړي وخندل، او باک شرمنده شو.
He didn't know why, but he was ashamed of his reaction.
هغه نه پوهېده چې ولې، خو د خپل غبرگون څخه شرمېده.
It was his first experience with snow, and it confused him.
دا د واورې سره د هغه لومړی تجربه وه، او دې کار هغه مغشوش کړ.

The Law of Club and Fang
د کلب او فنګ قانون

Buck's first day on the Dyea beach felt like a terrible nightmare.

د ډایا ساحل کې د باک لومړی ورځ د یو وحشتناک خوب په څیر احساس شوه.

Each hour brought new shocks and unexpected changes for Buck.

هر ساعت د باک لپاره نوي ټکانونه او ناڅاپي بدلونونه راوړل.

He had been pulled from civilization and thrown into wild chaos.

هغه له تمدن څخه ایستل شوی و او په وحشي ګډوډۍ کې اچول شوی و.

This was no sunny, lazy life with boredom and rest.

دا د لمر او سست ژوند نه و چې ستړیا او آرام پکې وو.

There was no peace, no rest, and no moment without danger.

نه سوله وه، نه ارام و، او نه له خطر پرته شیبه وه.

Confusion ruled everything, and danger was always close.

ګډوډي په هرڅه واکمنه وه، او خطر تل نږدې و.

Buck had to stay alert because these men and dogs were different.

باک باید هوښیار پاتې شي ځکه چې دا سړي او سپي مختلف وو.

They were not from towns; they were wild and without mercy.

دوی د ښارونو نه وو؛ دوی وحشي او بې رحمه وو.

These men and dogs only knew the law of club and fang.

دا سړي او سپي یوازې د کلب او فینګ قانون پوهېدل.

Buck had never seen dogs fight like these savage huskies.

باک هیڅکله سپي د دې وحشي هسکیانو په څیر جنګ نه وو لیدلي.

His first experience taught him a lesson he would never forget.

د هغه لومړی تجربې هغه ته داسې درس ورکړ چې هیڅکله به یې هیر نه کړي.

He was lucky it was not him, or he would have died too.

هغه بختور و چې دا هغه نه و، که نه نو هغه به هم مړ شوی وای.

Curly was the one who suffered while Buck watched and learned.

کرلي هغه څوک و چې څورېدلی و پداسي حال کې چې بک يې ليدل او زده کړه يې کوله.
They had made camp near a store built from logs.
دوی د لرګيو څخه جوړ شوي دوکان ته نږدې کمپ جوړ کړی و.
Curly tried to be friendly to a large, wolf-like husky.
کرلي هڅه وکړه چې د يو لوی، ليوه په څير هسکي سره دوستانه وي.
The husky was smaller than Curly, but looked wild and mean.
هسکي د کورلي په پرتله کوچنی و، خو وحشي او بدمرغه ښکارېده.
Without warning, he jumped and slashed her face open.
پرته له خبرتيا، هغه توپ کړ او د هغې مخ يې خلاص کړ.
His teeth cut from her eye down to her jaw in one move.
غاښونه يې په يوه حرکت کې د هغې له سترګي څخه تر ژامي پورې پرې کړل.
This was how wolves fought—hit fast and jump away.
ليوه په دې ډول جنګېدل — په چټکۍ سره به يې ووهل او توپونه به يې وهل.
But there was more to learn than from that one attack.
خو د هغه بريد څخه د زده کړې لپاره ډېر څه وو.
Dozens of huskies rushed in and made a silent circle.
لسګونه هسکي په منډه راغلل او يوه خاموشه حلقه يې جوړه کړه.
They watched closely and licked their lips with hunger.
دوی له نږدې وکتل او له لوږې يې خپلي شونډې وڅټلې.
Buck didn't understand their silence or their eager eyes.
باک د دوی چوپتيا يا د دوی ليواله سترګي نه پوهيدې.
Curly rushed to attack the husky a second time.
کرلي د دوهم ځل لپاره په هسکي بريد ته منډه کړه.
He used his chest to knock her over with a strong move.
هغه د خپلې سينې په کارولو سره هغه په يو قوي حرکت سره وغورځوله.
She fell on her side and could not get back up.
هغه په خپل اړخ ولوېده او بيرته پورته نشوه.
That was what the others had been waiting for all along.
دا هغه څه وو چې نور يې له ډېرې مودې راهيسې په تمه وو.
The huskies jumped on her, yelping and snarling in a frenzy.

هسکي په هغې توپ وواهه، په لیونتوب سره یې چیغې وهلې او چیغې یې وهلې.
She screamed as they buried her under a pile of dogs.
هغې چیغې وهلې کله چې دوی هغه د سپیو د یوې ډېرۍ لاندې ښخه کړه.
The attack was so fast that Buck froze in place with shock.
برید دومره ګړندی و چې باک د حیرانتیا له امله په خپل ځای یخ شو.
He saw Spitz stick out his tongue in a way that looked like a laugh.
هغه ولیدل چې سپیتز خپله ژبه په داسې ډول راښکته کړه چې د خندا په څېر ښکارېده.
François grabbed an axe and ran straight into the group of dogs.
فرانسوا یو تبر واخیست او مستقیم د سپیو په ډله کې منډه کړه.
Three other men used clubs to help beat the huskies away.
درې نورو سړیو د هسکیانو د وهلو لپاره له کلپونو څخه کار واخیست.
In just two minutes, the fight was over and the dogs were gone.
یوازې په دوو دقیقو کې، جګړه پای ته ورسېده او سپي لاړل.
Curly lay dead in the red, trampled snow, her body torn apart.
تاو شوې ښځه په سره، تر پښو لاندې شوې واوره کې مړه پرته وه، بدن یې توټه توټه شوی و.
A dark-skinned man stood over her, cursing the brutal scene.
یو تور پوستی سړی د هغې تر څنګ ولاړ و، او د ظالمانه صحنې لعنت یې ویل.
The memory stayed with Buck and haunted his dreams at night.
دا خاطره له باک سره پاتې شوه او د شپې به یې خوبونه ځورول.
That was the way here; no fairness, no second chance.
دلته هم همداسې وه؛ نه انصاف وو، نه دوهم چانس.
Once a dog fell, the others would kill without mercy.
کله چې یو سپی ولوېد، نور به یې بې رحمه ووژني.
Buck decided then that he would never allow himself to fall.
باک بیا پریکړه وکړه چې هیڅکله به ځان ته اجازه ورنکړي چې وغورځیږي.

Spitz stuck out his tongue again and laughed at the blood.

سپیتز بیا خپله ژبه راوویسته او په وینه یې وخندل.

From that moment on, Buck hated Spitz with all his heart.

له هغې شیبې څخه، باک د زړه له کومې له سپیتز څخه کرکه کوله.

Before Buck could recover from Curly's death, something new happened.

مخکې لدې چې بک د کرلي له مرګ څخه روغ شي، یو څه نوی پیښ شو.

François came over and strapped something around Buck's body.

فرانسوا راغی او د باک د بدن شاوخوا یې یو څه وتړل.

It was a harness like the ones used on horses at the ranch.

دا د هغو بندونو په څېر وه چې په فارم کې په اسونو کې کارول کېږي.

As Buck had seen horses work, now he was made to work too.

لکه څنګه چې باک د اسونو کار لیدلی و، اوس هغه هم کار ته اړ ایستل شوی و.

He had to pull François on a sled into the forest nearby.

هغه باید فرانسوا په یوه سلیج کې نږدې ځنګل ته کش کړي.

Then he had to pull back a load of heavy firewood.

بیا هغه اړ شو چې د لرګیو درانه بار بیرته راوباسي.

Buck was proud, so it hurt him to be treated like a work animal.

باک مغرور و، نو دا ورته درد ورکاوه چې د کارګر څاروي په څیر چلند ورسره وشي.

But he was wise and didn't try to fight the new situation.

خو هغه هوښیار و او هڅه یې ونه کړه چې له نوي وضعیت سره مبارزه وکړي.

He accepted his new life and gave his best in every task.

هغه خپل نوی ژوند ومانه او په هر کار کې یې خپله غوره هڅه وکړه.

Everything about the work was strange and unfamiliar to him.

د کار په اړه هرڅه هغه ته عجیب او نا اشنا وو.

François was strict and demanded obedience without delay.

فرانسوا سخت و او پرته له ځنډه یې د اطاعت غوښتنه کوله.

His whip made sure that every command was followed at once.

د هغه په ختک داړ تر لاسه کاوه چې هر امر په یو ځل تعقیب شي.

Dave was the wheeler, the dog nearest the sled behind Buck.

ډېو د موټر چلوونکی و، سپی چې د باک تر شا سلیج ته نږدې و.

Dave bit Buck on the back legs if he made a mistake.

که چیرې ډیو غلطي کړې وي نو بک یې په شا پښو وویشت.

Spitz was the lead dog, skilled and experienced in the role.

سپیټز مخکښ سپی و، په رول کې ماهر او تجربه لرونکی.

Spitz could not reach Buck easily, but still corrected him.

سپیټز په اسانۍ سره بک ته نشو رسیدلی، خو بیا یې هم هغه سم کړ.

He growled harshly or pulled the sled in ways that taught Buck.

هغه په زوره چیغه کړه یا یې سلیج په داسې ډول کش کړ چې باک ته یې ښوونه کوله.

Under this training, Buck learned faster than any of them expected.

د دې روزنې لاندې، بک د دوی د تمې څخه ګړندی زده کړه وکړه.

He worked hard and learned from both François and the other dogs.

هغه سخت کار وکړ او له فرانسوا او نورو سپو دواړو څخه یې زده کړه وکړه.

By the time they returned, Buck already knew the key commands.

کله چې دوی بیرته راستانه شول، بک لا دمخه مهم حکمونه پوهېدل.

He learned to stop at the sound of "ho" from François.

هغه د فرانسوا څخه د "هو "په غږ سره د درېدو زده کړه وکړه.

He learned when he had to pull the sled and run.

هغه زده کړل چې کله باید سلیج کش کړي او منډه وکړي.

He learned to turn wide at bends in the trail without trouble.

هغه زده کړل چې په لاره کې په کږو کې پرته له کومې ستونزې پراخه وګرځي.

He also learned to avoid Dave when the sled went downhill fast.

هغه دا هم زده کړل چې کله سلیج په چټکۍ سره ښکته لاړ شي نو له ډیو څخه ډډه وکړي.

"They're very good dogs," François proudly told Perrault.

فرانسوا په ویاړ سره پیرولټ ته وویل-دوی ډېر ښه سپي دي" -"
"That Buck pulls like hell—I teach him quick as anything."
هغه بک ډېر ښه کار کوي - زه ورته ژر زده کوم"-"

Later that day, Perrault came back with two more husky dogs.
په هغه ورځ وروسته، پیرولټ د دوو نورو سپو سره بیرته راغی.
Their names were Billee and Joe, and they were brothers.
د دوی نومونه بیلي او جو وو، او دوی ورونه وو.
They came from the same mother, but were not alike at all.
دوی د یوې مور څخه راغلي وو، خو په هیڅ ډول سره ورته نه وو.
Billee was sweet-natured and too friendly with everyone.
بیلي خوږ طبیعته وه او له هرچا سره ډېره دوستانه وه.
Joe was the opposite—quiet, angry, and always snarling.
جو برعکس وو - خاموش، غوسه، او تل چیغې وهونکی.
Buck greeted them in a friendly way and was calm with both.
باک هغوی ته په دوستانه ډول ښه راغلاست ووایه او له دواړو سره ارام و.
Dave paid no attention to them and stayed silent as usual.
ډېو هغوی ته هیڅ پام ونه کړ او د معمول په څیر غلی پاتې شو.
Spitz attacked first Billee, then Joe, to show his dominance.
سپیتز لومړی په بیلي برید وکړ، بیا په جو، ترڅو خپل تسلط وښیي.
Billee wagged his tail and tried to be friendly to Spitz.
بیلي خپله لکی وښوروله او هڅه یې وکړه چې له سپیتز سره دوستانه وي.
When that didn't work, he tried to run away instead.
کله چې دا کار ونکړ، نو هغه هڅه وکړه چې وتښتي.
He cried sadly when Spitz bit him hard on the side.
کله چې سپیتز هغه له اړخه په کلکه وخندل، هغه په خواشینۍ سره وژړل.
But Joe was very different and refused to be bullied.
خو جو ډېر توپیر درلود او د ځورونې سره یې ډده کوله.
Every time Spitz came near, Joe spun to face him fast.
هر کله چې سپیتز نږدې شو، جو به په چټکۍ سره د هغه سره د مخامخ کیدو لپاره گرځیده.
His fur bristled, his lips curled, and his teeth snapped wildly.

د هغه وېښتان څخېدل، شونډې یې تاو شوې، او غاښونه یې په بې رحمۍ سره راښکته شول.
Joe's eyes gleamed with fear and rage, daring Spitz to strike.
د جو سترګې له وېرې او غوسې څخه ځلېدلې، او سپیټز یې د ګوزار کولو جرئت وکړ.
Spitz gave up the fight and turned away, humiliated and angry.
سپیټز جګړه پرېښوده او مخ یې واړاوه، سپک او غوسه شو.
He took out his frustration on poor Billee and chased him away.
هغه خپله خپګان په بې وزله بیلي څرګند کړ او هغه یې وشړلو.
That evening, Perrault added one more dog to the team.
په هغه ماښام، پیرولټ یو بل سپی تیم ته اضافه کړ.
This dog was old, lean, and covered in battle scars.
دا سپی زوړ، کمزوری او د جګړې په ټپونو پوښل شوی و.
One of his eyes was missing, but the other flashed with power.
د هغه یوه سترګه ورکه وه، خو بله یې له برېښنا څخه ځلیده.
The new dog's name was Solleks, which meant the Angry One.
د نوي سپي نوم سولیکس وو، چې د غوسه کوونکي معنی یې درلوده.
Like Dave, Solleks asked nothing from others, and gave nothing back.
د ډیو په څېر، سولیکس له نورو څخه هیڅ نه غوښتل، او هیڅ یې بیرته نه دي ورکړي.
When Solleks walked slowly into camp, even Spitz stayed away.
کله چې سولیکس ورو ورو کمپ ته ننوتل، حتی سپیټز هم لرې پاتې شو.
He had a strange habit that Buck was unlucky to discover.
هغه یو عجیب عادت درلود چې بک یې په موندلو کې بدبخته و.
Solleks hated being approached on the side where he was blind.
سولیکس له دې څخه کرکه کوله چې په هغه اړخ کې چې هغه ړوند و، ورته نږدې شي.
Buck did not know this and made that mistake by accident.
باک په دې نه پوهیده او په ناخاپي ډول یې دا تېروتنه وکړه.

Solleks spun around and slashed Buck's shoulder deep and fast.

سولیکس وګرځېد او د باک اوږه یې په زوره او چټکۍ سره ووهله.

From that moment on, Buck never came near Solleks' blind side.

له هغې شیبې وروسته، بک هیڅکله د سولیکس ړانده اړخ ته نږدې نه شو.

They never had trouble again for the rest of their time together.

دوی د خپل پاتې وخت لپاره بیا هیڅکله ستونزه ونه لیدله.

Solleks wanted only to be left alone, like quiet Dave.

سولیکس غوښتل چې یوازې پاتې شي، لکه خاموش ډیو.

But Buck would later learn they each had another secret goal.

خو باک به وروسته پوه شي چې دوی هر یو بل پټ هدف لري.

That night Buck faced a new and troubling challenge—how to sleep.

په هغه شپه باک له یوې نوې او ځوروونکې ننګونې سره مخ شو - څنګه خوب وکړي.

The tent glowed warmly with candlelight in the snowy field.

خیمه په واوره پوښل شوي میدان کې د شمعې په رڼا سره ګرمه ځلیده.

Buck walked inside, thinking he could rest there like before.

باک دننه لاړ، فکر یې کاوه چې هغه کولی شي هلته د پخوا په څیر آرام وکړي.

But Perrault and François yelled at him and threw pans.

خو پیرولټ او فرانسوا په هغه چیغې وهلې او لوښي یې وغورځول.

Shocked and confused, Buck ran out into the freezing cold.

بک حیران او مغشوش شو، او په یخنۍ کې یې منډه کړه.

A bitter wind stung his wounded shoulder and froze his paws.

یوه ترخه باد د هغه ټپي اوږه وویشتله او پښې یې کنګل کړې.

He lay down in the snow and tried to sleep out in the open.

هغه په واوره کې پروت و او هڅه یې کوله چې په خلاصه هوا کې ویده شي.

But the cold soon forced him to get back up, shaking badly.

خو سړې هوا ډېر ژر هغه اړ کړ چې بېرته راپورته شي، سخت لړزېده.

He wandered through the camp, trying to find a warmer spot.

هغه په کمپ کې ګرځېده، هڅه يې کوله چې يو ګرم ځای ومومي.

But every corner was just as cold as the one before.

خو هره کونج د پخوا په څېر سړه وه.

Sometimes savage dogs jumped at him from the darkness.

کله کله به وحشي سپي له تيارې څخه په هغه توپونه وهل.

Buck bristled his fur, bared his teeth, and snarled with warning.

باک خپل ويښتان وچول، غاښونه يې ښکاره کړل، او د خبرداري سره يې چيغه کړه.

He was learning fast, and the other dogs backed off quickly.

هغه په چټکۍ سره زده کړه کوله، او نور سپي په چټکۍ سره شاته شول.

Still, he had no place to sleep, and no idea what to do.

بيا هم، هغه د خوب لپاره ځای نه درلود، او نه پوهيده چې څه وکړي.

At last, a thought came to him—check on his team-mates.

بالاخره، هغه ته يو فکر راغی - د خپلو تيم ملګرو ته وګوري.

He returned to their area and was surprised to find them gone.

هغه د دوی سيمې ته راستون شو او حيران شو چې دوی نه دي تللي.

Again he searched the camp, but still could not find them.

هغه بيا کمپ ولټولو، خو بيا يې هم ونه موندل.

He knew they could not be in the tent, or he would be too.

هغه پوهيده چې دوی په خيمه کې نشي کيدی، يا هغه به هم وي.

So where had all the dogs gone in this frozen camp?

نو په دې کنګل شوي کمپ کې ټول سپي چيرته تللي وو؟

Buck, cold and miserable, slowly circled around the tent.

باک، سړه او بدبخته، ورو ورو د خيمې شاوخوا ګرځي.

Suddenly, his front legs sank into soft snow and startled him.

ناڅاپه، د هغه مخکينۍ پښې په نرمه واوره کې ډوبې شوې او هغه يې حيران کړ.

Something wriggled under his feet, and he jumped back in fear.

د هغه د پښو لاندې يو څه وخوت، او هغه له ويرې بيرته ټوپ کړ.

He growled and snarled, not knowing what lay beneath the snow.

هغه چیغه کړه او چیغه یې کړه، نه پوهیده چې د واورې لاندې څه پټ دي۔
Then he heard a friendly little bark that eased his fear.
بیا یې یو کوچنی دوستانه غږ واورېد چې د هغه ویره یې کمه کړه۔
He sniffed the air and came closer to see what was hidden.
هغه هوا بوی کړه او نږدې شو ترڅو وګوري چې څه پټ وو۔
Under the snow, curled into a warm ball, was little Billee.
کوچنی بیلي د واورې لاندې، چې په ګرم توپ بدله شوې وه، وه۔
Billee wagged his tail and licked Buck's face to greet him.
بیلي خپله لکۍ وښوروله او د بک مخ یې څټ کړ ترڅو هغه ته ښه راغلاست ووايي۔
Buck saw how Billee had made a sleeping place in the snow.
باک ولیدل چې څنګه بیلي په واوره کې د خوب ځای جوړ کړی و۔
He had dug down and used his own heat to stay warm.
هغه کنده کړې وه او د ګرم پاتې کیدو لپاره یې خپله تودوخه کارولې وه۔
Buck had learned another lesson—this was how the dogs slept.
باک یو بل درس زده کړی و - دا هغه ډول و چې سپي به خوب کاوه۔
He picked a spot and started digging his own hole in the snow.
هغه یو ځای غوره کړ او په واوره کې یې د خپلې کندې کیندلو پیل وکړ۔
At first, he moved around too much and wasted energy.
په لومړي سر کې، هغه ډېر ګرځېده او انرژي یې ضایع کړه۔
But soon his body warmed the space, and he felt safe.
خو ډېر ژر یې بدن ځای ګرم کړ، او هغه د خوندیتوب احساس وکړ۔
He curled up tightly, and before long he was fast asleep.
هغه کلک تاو شو، او ډېر ژر ویده شو۔
The day had been long and hard, and Buck was exhausted.
ورځ اوږده او سخته وه، او باک ډېر ستړی و۔
He slept deeply and comfortably, though his dreams were wild.
هغه ژور او آرام ویده شو، که څه هم د هغه خوبونه وحشي وو۔
He growled and barked in his sleep, twisting as he dreamed.
هغه په خوب کې زارۍ او غپا وهله، د خوب په وخت کې یې سر وخوځاوه۔

Buck didn't wake up until the camp was already coming to life.
باک تر هغه وخته پورې له خوبه نه راویښ شو تر څو چې کمپ لا دمخه ژوندی نه شو.
At first, he didn't know where he was or what had happened.
په لومړي سر کې، هغه نه پوهیده چې چیرته دی یا څه پیښ شوي دي.
Snow had fallen overnight and completely buried his body.
د شپې واوره وربدلې وه او د هغه بدن يې په بشپړه توګه دفن کړی و.
The snow pressed in around him, tight on all sides.
واوره د هغه شاوخوا رابنکته شوه، له ټولو خواوو څخه سخته وه.
Suddenly a wave of fear rushed through Buck's entire body.
ناڅاپه د باک په ټول بدن کې د ویرې څپه خپره شوه.
It was the fear of being trapped, a fear from deep instincts.
دا د بند پاتې کېدو وېره وه، د ژورو غریزو څخه وېره.
Though he had never seen a trap, the fear lived inside him.
که څه هم هغه هیڅکله دام نه و لیدلی، خو ویره یې دننه ژوند کاوه.
He was a tame dog, but now his old wild instincts were waking.
هغه یو اهلي سپی وو، خو اوس یې زاړه وحشي غریزونه راویښ شوي وو.
Buck's muscles tensed, and his fur stood up all over his back.
د باک عضلات تنګ شول، او د هغه ویښتان یې په ټوله شا ولاړ وو.
He snarled fiercely and sprang straight up through the snow.
هغه په زوره چیغه کړه او په واوره کې مستقیم توپ وواهه.
Snow flew in every direction as he burst into the daylight.
کله چې رڼا راغله، واوره هرې خوا ته الوتله.
Even before landing, Buck saw the camp spread out before him.
حتی د کښته کیدو دمخه، باک د هغه په وړاندې خپور شوی کمپ ولید.
He remembered everything from the day before, all at once.
هغه ته د تېرې ورځې هر څه په یو ځل یاد شول.
He remembered strolling with Manuel and ending up in this place.
هغه د مانویل سره ګرځېدل او په دې ځای کې پای ته رسېدل په یاد لري.

He remembered digging the hole and falling asleep in the cold.
هغه ته د کندې کیندل او په سړه هوا کې ویده کیدل یاد شول.
Now he was awake, and the wild world around him was clear.
اوس هغه ویښ و، او شاوخوا وحشي نړۍ یې روښانه وه.
A shout from François hailed Buck's sudden appearance.
د فرانسوا له خوا یو چیغه د باک د ناڅاپي راڅرګندېدو هرکلی وکړ.
"What did I say?" the dog-driver cried loudly to Perrault.
ما څه وویل؟ "د سپي چلوونکي په لوړ غږ پیرولټ ته وویل".
"That Buck for sure learns quick as anything," François added.
فرانسوا زیاته کړه-دا بک یقینا د هر څه په څیر ژر زده کوي" -"
Perrault nodded gravely, clearly pleased with the result.
پیرولټ په جدي ډول سر وخوځاوه، په څرګنده توګه له پایلې څخه خوښ و.
As a courier for the Canadian Government, he carried dispatches.
د کاناډا حکومت لپاره د پیغام رسونکي په توګه، هغه پیغامونه لیږدول.
He was eager to find the best dogs for his important mission.
هغه د خپل مهم ماموریت لپاره د غوره سپو موندلو ته لیواله و.
He felt especially pleased now that Buck was part of the team.
هغه اوس په ځانګړي ډول خوښ و چې بک د تیم برخه وه.
Three more huskies were added to the team within an hour.
په یوه ساعت کې درې نور هسکي تیم ته اضافه شول.
That brought the total number of dogs on the team to nine.
په دې سره په تیم کې د سپو تولټال شمېر نهو ته ورسېد.
Within fifteen minutes all the dogs were in their harnesses.
په پنځلسو دقیقو کې ټول سپي په خپلو زنګونو کې وو.
The sled team was swinging up the trail toward Dyea Cañon.
د سلیج تیم د ډایا کینون په لور لاره پورته کوله.
Buck felt glad to be leaving, even if the work ahead was hard.
باک د تګ څخه خوښ و، حتی که مخکې کار سخت و.

He found he did not particularly despise the labor or the cold.

هغه ومونده چې هغه په ځانګړي ډول کار یا سړې ته سپکاوی نه کوي.

He was surprised by the eagerness that filled the whole team.

هغه د هغه لیوالتیا څخه حیران شو چې ټوله ټیم یې ډکه کړه.

Even more surprising was the change that had come over Dave and Solleks.

حتی ډیر حیرانونکی هغه بدلون و چې په ډیو او سولیکس کې راغلی و.

These two dogs were entirely different when they were harnessed.

دا دوه سپي په بشپړ ډول مختلف وو کله چې دوی کارول شوي وو.

Their passiveness and lack of concern had completely disappeared.

د دوی بې پروایي او د اندېښنې نشتوالی په بشپړه توګه ورک شوی و.

They were alert and active, and eager to do their work well.

دوی هوښیار او فعال وو، او د خپل کار په ښه توګه ترسره کولو ته لیواله وو.

They grew fiercely irritated at anything that caused delay or confusion.

دوی په هر هغه څه چې ځنډ یا ګډوډي رامینځته کوي سخت غوسه کېدل.

The hard work on the reins was the center of their entire being.

د بامونو سخت کار د دوی د ټول وجود مرکز و.

Sled pulling seemed to be the only thing they truly enjoyed.

داسې ښکارېده چې د سلېډ کشول یوازینی شی و چې دوی یې په ریښتیا سره خوند اخیست.

Dave was at the back of the group, closest to the sled itself.

ډیو د ډلې په شا کې و، پخپله سلیج ته نږدې.

Buck was placed in front of Dave, and Solleks pulled ahead of Buck.

باک د ډیو مخې ته کېښودل شو، او سولیکس د باک مخې ته ودرېد.

The rest of the dogs were strung out ahead in a single file.

پاتې سپي په یوه دوسیه کې مخکې ځړول شوي وو.

The lead position at the front was filled by Spitz.

په مخ کې مخکښ مقام د سپیتز لخوا ډک شو.

Buck had been placed between Dave and Solleks for instruction.

بک د ډیو او سولیکس ترمنځ د لارښوونې لپاره ځای پر ځای شوی و.

He was a quick learner, and they were firm and capable teachers.

هغه یو چټک زده کوونکی وو، او دوی ټینګ او وړ ښوونکي وو.

They never allowed Buck to remain in error for long.

دوی هیڅکله باک ته اجازه ورنکړه چې د اوږدې مودې لپاره په غلطۍ کې پاتې شي.

They taught their lessons with sharp teeth when needed.

دوی د اړتیا په وخت کې په تیزو غاښونو سره خپل درسونه تدریس کول.

Dave was fair and showed a quiet, serious kind of wisdom.

ډیو منصف وو او یو خاموش، جدي ډول هوښیارتیا یې وښودله.

He never bit Buck without a good reason to do so.

هغه هیڅکله بک د ښه دلیل پرته نه دی چیچلی.

But he never failed to bite when Buck needed correction.

خو کله چې باک اصلاح ته اړتیا درلوده، هغه هیڅکله هم په وهلو کې پاتې راغی.

François's whip was always ready and backed up their authority.

د فرانسوا کوپړۍ تل چمتو وه او د دوی د واک ملاتړ یې کاوه.

Buck soon found it was better to obey than to fight back.

باک ډېر ژر وموندله چې د ځواب ورکولو په پرتله اطاعت کول غوره دي.

Once, during a short rest, Buck got tangled in the reins.

یو ځل، د لنډې استراحت په جریان کې، باک په بام کې ګیر شو.

He delayed the start and confused the team's movement.

هغه د لوبې پیل وځنداوه او د لوبدلې حرکت یې ګډوډ کړ.

Dave and Solleks flew at him and gave him a rough beating.

ډیو او سولېکس پر هغه وروختل او سخت وهل یې پرې وکړل.

The tangle only got worse, but Buck learned his lesson well.

ستونزه نوره هم خرابه شوه، خو بک خپل درس ښه زده کړ.

From then on, he kept the reins taut, and worked carefully.

له هغه وروسته، هغه خپل لاس کلک وساته، او په دقت سره یې کار وکړ.

Before the day ended, Buck had mastered much of his task.

د ورځې له پای ته رسېدو مخکې، باک د خپلې دندې ډېره برخه په لاس کې واخیسته.
His teammates almost stopped correcting or biting him.
د هغه د ملګرو ملګرو تقریبا د هغه اصلاح کول یا وهل بند کړل.
François's whip cracked through the air less and less often.
د فرانسوا شټک په هوا کې لږ او لږ تکان وخوړ.
Perrault even lifted Buck's feet and carefully examined each paw.
پیرولټ حتی د باک پښې پورته کړې او هره پنجه یې په دقت سره معاینه کړه.
It had been a hard day's run, long and exhausting for them all.
دا د دوی ټولو لپاره یوه سخته ورځ وه، اوږده او ستړې کوونکې وه.
They travelled up the Cañon, through Sheep Camp, and past the Scales.
دوی د کینون څخه پورته سفر وکړ، د پسونو کمپ له لارې، او د ترازو څخه تیر شول.
They crossed the timber line, then glaciers and snowdrifts many feet deep.
دوی د لرګیو له کرښې تیر شول، بیا ګلیشیرونه او د واورې ډېرې فوټ ژورې څپې.
They climbed the great cold and forbidding Chilkoot Divide.
دوی د لوی سړې هوا او د چیلکوټ ویش منع کولو سره مخ شول.
That high ridge stood between salt water and the frozen interior.
هغه لوړه څوکه د مالګې اوبو او کنګل شوي داخلي برخې ترمنځ ولاړه وه.
The mountains guarded the sad and lonely North with ice and steep climbs.
غرونو د یخ او لوړو غرونو په واسطه د غمجن او یوازیني شمال ساتنه کوله.
They made good time down a long chain of lakes below the divide.
دوی د جهیلونو په اوږده سلسله کې ښه وخت تېر کړ.
Those lakes filled the ancient craters of extinct volcanoes.

دغو جهيلونو د ورکو شويو اورشيندونکو لرغونو غرونو ډک کړل.
Late that night, they reached a large camp at Lake Bennett.
د شپې ناوخته، دوی د بينيټ جهيل کې يو لوی کمپ ته ورسيدل.
Thousands of gold seekers were there, building boats for spring.
هلته زرګونه د سرو زرو غوښتونکي وو، د پسرلي لپاره يې کښتۍ جوړولې.
The ice was going break up soon, and they had to be ready.
يخ ډېر ژر ماتيدونکی و، او دوی بايد چمتو وي.
Buck dug his hole in the snow and fell into a deep sleep.
باک په واوره کې خپله سوری وکينده او په ژور خوب ويده شو.
He slept like a working man, exhausted from the harsh day of toil.
هغه د يو کارګر سړي په څير ويده شو، د سختې ورځې د سخت کار څخه ستړی شوی و.
But too early in the darkness, he was dragged from sleep.
خو په تياره کې ډېر ژر، هغه له خوبه راويستل شو.
He was harnessed with his mates again and attached to the sled.
هغه بيا د خپلو ملګرو سره يوځای شو او د سليج سره وصل شو.
That day they made forty miles, because the snow was well trodden.
په هغه ورځ دوی څلوېښت ميله مزل وکړ، ځکه چې واوره ښه تر پښو لاندې شوې وه.
The next day, and for many days after, the snow was soft.
بله ورځ، او د ډېرو ورځو لپاره، واوره نرمه وه.
They had to make the path themselves, working harder and moving slower.
دوی بايد لاره پخپله جوړه کړي، ډير کار يې کاوه او ورو ورو حرکت يې کاوه.
Usually, Perrault walked ahead of the team with webbed snowshoes.
معمولا، پيرولټ به د جاليو لرونکو سنوشوګانو سره د ټيم څخه مخکې روان و.
His steps packed the snow, making it easier for the sled to move.

د هغه قدمونو واوره ډکه کړه، چې د سلیج لپاره یې حرکت اسانه کړ.
François, who steered from the gee-pole, sometimes took over.
فرانسوا، چې له جی پول څخه یې لارښوونه کوله، ځینې وختونه یې واک په غاړه واخیست.
But it was rare that François took the lead
خو دا نادره وه چې فرانسوا مشري په غاړه واخلي
because Perrault was in a rush to deliver the letters and parcels.
ځکه چې پیرولټ د لیکونو او پارسلونو رسولو لپاره په بیړه کې و.
Perrault was proud of his knowledge of snow, and especially ice.
پیرولټ د واورې په اړه په خپلې پوهې ویاړي، او په ځانګړې توګه د یخ په اړه.
That knowledge was essential, because fall ice was dangerously thin.
دا پوهه اړینه وه، ځکه چې د مني یخ په خطرناکه توګه نری و.
Where water flowed fast beneath the surface, there was no ice at all.
چیرته چې اوبه د سطحې لاندې په چټکۍ سره بهېدې، هلته هیڅ یخ نه و.

Day after day, the same routine repeated without end.
ورځ په ورځ، هماغه معمول بې پایه تکرار شو.
Buck toiled endlessly in the reins from dawn until night.
باک له سهاره تر شپې پورې په بې پایه توګه کار وکړ.
They left camp in the dark, long before the sun had risen.
دوی په تیاره کې له کمپ څخه ووتل، د لمر له راختلو ډېر مخکې.
By the time daylight came, many miles were already behind them.
کله چې ورځ رڼا شوه، ډېر میله لا دمخه ترې شاته وو.
They pitched camp after dark, eating fish and burrowing into snow.
دوی د شپې له تیاره وروسته کمپ ودراوه، کبان یې خوړل او په واورو کې یې ښخ کړل.
Buck was always hungry and never truly satisfied with his ration.

باک تل وړی و او هیڅکله یې له خپل خوراک څخه په ریښتیا راضي نه و.
He received a pound and a half of dried salmon each day.
هغه ته هره ورځ یو نیم پونډ وچه سالمن مچهلی ورکول کېده.
But the food seemed to vanish inside him, leaving hunger behind.
خو داسې ښکارېده چې خواړه یې دننه ورک شوي وو، او لوږه یې شاته پریښوده.
He suffered from constant pangs of hunger, and dreamed of more food.
هغه د لوږې له دوامداره درد څخه رنځ وړ، او د نورو خوړو خوب یې لیدل.
The other dogs got only one pound of food, but they stayed strong.
نورو سپو ته یوازې یو پونډ خواړه ورکړل شول، خو دوی پیاوړي پاتې شول.
They were smaller, and had been born into the northern life.
دوی کوچني وو، او په شمالي ژوند کې زېږېدلي وو.
He swiftly lost the fastidiousness which had marked his old life.
هغه په چټکۍ سره هغه بې پروا توب له لاسه ورکړ چې د هغه زوړ ژوند یې په نښه کړی و.
He had been a dainty eater, but now that was no longer possible.
هغه پخوا ډېر خوندور خواړه خوړل، خو اوس دا نور امکان نه درلود.
His mates finished first and robbed him of his unfinished ration.
ملګرو یې لومړی کار پای ته ورساوه او د هغه نا بشپړ شوی خوراک یې ترې لوټ کړ.
Once they began there was no way to defend his food from them.
کله چې دوی پیل وکړ، نو د هغه د خوړو د ساتنې لپاره هیڅ لاره نه وه.
While he fought off two or three dogs, the others stole the rest.
پداسې حال کې چې هغه دوه یا درې سپي له منځه یوړل، نورو پاتې نور یې غلا کړل.

To fix this, he began eating as fast as the others ate.

د دې د حل لپاره، هغه په هماغه چټکۍ سره خوړل پیل کړل لکه څنګه چې نورو خوړل.

Hunger pushed him so hard that he even took food not his own.

لوږې هغه دومره سخت وهڅاوه چې حتی هغه خواړه هم وخوړل چې خپل نه وو.

He watched the others and learned quickly from their actions.

هغه نورو ته وکتل او د هغوی له کړنو څخه یې ډېر ژر زده کړه وکړه.

He saw Pike, a new dog, steal a slice of bacon from Perrault.

هغه ولیدل چې پایک، یو نوی سپی، د پیرولټ څخه د بیکن یوه ټوټه غلا کوي.

Pike had waited until Perrault's back was turned to steal the bacon.

پایک تر هغه وخته پورې انتظار کاوه چې د پیرولټ شا د بیکن غلا کولو لپاره واړول شي.

The next day, Buck copied Pike and stole the whole chunk.

بله ورځ، باک د پایک کاپي وکړه او ټوله ټوټه یې غلا کړه.

A great uproar followed, but Buck was not suspected.

وروسته یوه لویه غوغا وشوه، خو په بک شک نه کېده.

Dub, a clumsy dog who always got caught, was punished instead.

ډوب، یو بې کاره سپی چې تل به نیول کېده، پرځای یې سزا ورکړل شوه.

That first theft marked Buck as a dog fit to survive the North.

هغه لومړۍ غلا بک د شمال د ژوندي پاتې کېدو لپاره د مناسب سپي په توګه په نښه کړ.

He showed he could adapt to new conditions and learn quickly.

هغه وښودله چې هغه کولی شي نوي شرایطو سره تطابق وکړي او په چټکۍ سره زده کړه وکړي.

Without such adaptability, he would have died swiftly and badly.

د داسې تطابق وړتیا پرته، هغه به په چټکۍ او بد ډول مړ شوی وای.

It also marked the breakdown of his moral nature and past values.

دا د هغه د اخلاقي طبیعت او پخوانیو ارزښتونو ماتیدل هم په ګوته کوي۔
In the Southland, he had lived under the law of love and kindness.
په ساوت لینډ کې، هغه د مینې او مهربانۍ د قانون لاندې ژوند کاوه۔
There it made sense to respect property and other dogs' feelings.
هلته دا معنی درلوده چې د ملکیت او نورو سپو احساساتو ته درناوی وشي۔
But the Northland followed the law of club and the law of fang.
خو شمالي لینډ د کلب قانون او د فنګ قانون تعقیب کړ۔
Whoever respected old values here was foolish and would fail.
څوک چې دلته زړو ارزښتونو ته درناوی کوي احمق وو او ناکام به شي۔
Buck did not reason all this out in his mind.
باک دا ټول په خپل ذهن کې نه وو ایښي۔
He was fit, and so he adjusted without needing to think.
هغه فټ و، او له همدې امله یې پرته له دې چې فکر وکړي، ځان تنظیم کړ۔
All his life, he had never run away from a fight.
په ټول ژوند کې، هغه هیڅکله له جګړې څخه نه دی تښتیدلی۔
But the wooden club of the man in the red sweater changed that rule.
خو د سور سویټر په اغوستونکي سړي لرګینې ډډې دا قاعده بدله کړه۔
Now he followed a deeper, older code written into his being.
اوس هغه یو ژور او زوړ کوډ تعقیب کړ چې په خپل وجود کې لیکل شوی و۔
He did not steal out of pleasure, but from the pain of hunger.
هغه له خوښۍ غلا نه وه کړې، بلکې د لوږې له درد څخه یې غلا کړې وه۔
He never robbed openly, but stole with cunning and care.
هغه هیڅکله په ښکاره ډول غلا نه کوله، بلکې په هوښیارۍ او احتیاط سره یې غلا کوله۔
He acted out of respect for the wooden club and fear of the fang.

هغه د لرګیو د ډنډې د درناوي او د نڅا له ویرې دا عمل وکړ.
In short, he did what was easier and safer than not doing it.
لنډه دا چې، هغه هغه څه وکړل چې د نه کولو په پرتله اسانه او خوندي وو.
His development—or perhaps his return to old instincts—was fast.
د هغه پرمختګ - یا شاید زړو غریزو ته د هغه بیرته راستنیدل - ګړندی و.
His muscles hardened until they felt as strong as iron.
د هغه عضلات سخت شول تر هغه چې د اوسپنې په څیر قوي احساس شول.
He no longer cared about pain, unless it was serious.
هغه نور د درد پروا نه کوله، پرته لدې چې هغه جدي وي.
He became efficient inside and out, wasting nothing at all.
هغه دننه او بهر موثر شو، هیڅ شی یې ضایع نه کړ.
He could eat things that were vile, rotten, or hard to digest.
هغه کولی شي هغه شیان وخوري چې ناپاک، خراب، یا د هضم لپاره سخت وي.
Whatever he ate, his stomach used every last bit of value.
هر څه چې یې خوړل، د هغه معدې به یې د ارزښت وروستی برخه کاروله.
His blood carried the nutrients far through his powerful body.
د هغه وینه د هغه د ځواکمن بدن له لارې مغذي مواد لرې لیږدول.
This built strong tissues that gave him incredible endurance.
دې قوي نسجونه جوړ کړل چې هغه ته یې د نه منلو وړ برداشت ورکړ.
His sight and smell became much more sensitive than before.
د هغه لید او بوی د پخوا په پرتله ډیر حساس شو.
His hearing grew so sharp he could detect faint sounds in sleep.
د هغه اوریدل دومره ګړندي شول چې په خوب کې یې لږ غږونه کشف کول.
He knew in his dreams whether the sounds meant safety or danger.

هغه په خپلو خوبونو کي پوهیده چي غرونه د خوندیتوب معنی لري یا خطر.

He learned to bite the ice between his toes with his teeth.

هغه زده کرل چي څنګه د خپلو غاښونو سره د خپلو ګوتو تر منځ یخ وخوري.

If a water hole froze over, he would break the ice with his legs.

که چیري د اوبو سوری کنګل شي، نو هغه به په خپلو پښو یخ مات کړي.

He reared up and struck the ice hard with stiff front limbs.

هغه راپورته شو او د مخکینی پښي په کلکو تکو سره یي په یخ سخت ګوزار وکر.

His most striking ability was predicting wind changes overnight.

د هغه تر تولو حیرانونکي ورتیا د شپي لخوا د باد د بدلونونو وراندوینه وه.

Even when the air was still, he chose spots sheltered from wind.

حتی کله چي هوا ارامه وه،، هغه هغه خایونه غوره کرل چي له باد څخه خوندي وي.

Wherever he dug his nest, the next day's wind passed him by.

هر خای چي به یي خپل څاله کیندله، د بلي ورځي باد به یي له لاري تېر شو.

He always ended up snug and protected, to leeward of the breeze.

هغه تل آرام او خوندي و، د باد په لور.

Buck not only learned by experience—his instincts returned too.

باک نه یوازي د تجربي له لاري زده کړه وکړه - د هغه غریزی هم بیرته راستانه شوه.

The habits of domesticated generations began to fall away.

د کورني نسلونو عادتونه له منځه تلل پیل شول.

In vague ways, he remembered the ancient times of his breed.

په مبهم دول، هغه د خپل نسل لرغوني وختونه یاد کرل.

He thought back to when wild dogs ran in packs through forests.

هغه هغه وخت فکر کاوه کله چې وحشي سپي به په ډلو ډلو ځنګلونو کې منډې وهلې.

They had chased and killed their prey while running it down.

دوی خپل ښکار تعقیب کړی و او هغه یې د تیښتې په حال کې وژلی و.

It was easy for Buck to learn how to fight with tooth and speed.

د بک لپاره دا اسانه وه چې د غاښونو او سرعت سره د جګړې زده کړه وکړي.

He used cuts, slashes, and quick snaps just like his ancestors.

هغه د خپلو نیکونو په څیر د پرې کولو، پرې کولو او چټکو عکسونو څخه کار اخیست.

Those ancestors stirred within him and awoke his wild nature.

هغو نیکونو په هغه کې غوغا جوړه کړه او د هغه وحشي طبیعت یې راویښ کړ.

Their old skills had passed into him through the bloodline.

د دوی زاړه مهارتونه د وینې له لارې هغه ته انتقال شوي وو.

Their tricks were his now, with no need for practice or effort.

د دوی چلونه اوس د هغه وو، د تمرین یا هڅې اړتیا پرته.

On still, cold nights, Buck lifted his nose and howled.

په ارامو، سړو شپو کې، باک خپله پوزه پورته کړه او چیغې یې وهلې.

He howled long and deep, the way wolves had done long ago.

هغه اوږده او ژوره چیغې وهلې، لکه څنګه چې لیوانو ډېر پخوا کولې.

Through him, his dead ancestors pointed their noses and howled.

د هغه له لارې، د هغه مړو پلرونو خپلې پوزې پورته کړې او چیغې یې وهلې.

They howled down through the centuries in his voice and shape.

دوی د پیړیو په اوږدو کې د هغه په غږ او شکل کې چیغې وهلې.

His cadences were theirs, old cries that told of grief and cold.

د هغه د سرونو غږونه د هغوی وو، زړې چیغې چې د غم او سړې هوا خبر یې ورکاوه.

They sang of darkness, of hunger, and the meaning of winter.

دوی د تیارې، لوږې او د ژمي د معنی سندرې وویلې.

Buck proved of how life is shaped by forces beyond oneself,

باک ثابته کړه چې ژوند څنګه د ځان څخه بهر ځواکونو لخوا جوړیږي،

the ancient song rose through Buck and took hold of his soul.

لرغونی سندره د باک له لارې راپورته شوه او د هغه روح یې ونیوله.

He found himself because men had found gold in the North.

هغه ځان ومونده ځکه چې انسانانو په شمال کې سره زر موندلي وو.

And he found himself because Manuel, the gardener's helper, needed money.

او هغه ځان ومونده ځکه چې د باغوان مرستیال مانویل پیسو ته اړتیا درلوده.

The Dominant Primordial Beast
غالب لومړنی حیوان

The dominant primordial beast was as strong as ever in Buck.
غالب لومړنی حیوان په باک کې د تل په څیر پیاوړی و.
But the dominant primordial beast had lain dormant in him.
خو غالب لومړنی حیوان په هغه کې پټ پروت و.
Trail life was harsh, but it strengthened beast inside Buck.
د لارې ژوند سخت و، خو د باک دننه یې حیوان پیاوړی کړ.
Secretly the beast grew stronger and stronger every day.
په پټه توګه حیوان هره ورځ پیاوړی او پیاوړی کېده.
But that inner growth stayed hidden to the outside world.
خو دا داخلي وده له بهرنی نړۍ پټه پاتې شوه.
A quiet and calm primordial force was building inside Buck.
د باک دننه یو ارام او ارامه لومړنی ځواک جوړ شو.
New cunning gave Buck balance, calm control, and poise.
نوي چالاکی بک ته توازن، ارام کنټرول او توازن ورکړ.
Buck focused hard on adapting, never feeling fully relaxed.
باک په تطابق باندې ډېر تمرکز وکړ، هیڅکله یې په بشپړه توګه آرام احساس نه کړ.
He avoided conflict, never starting fights, nor seeking trouble.
هغه له شخړو ډډه وکړه، هیڅکله یې جګړه پیل نه کړه او نه یې هم ستونزې لټولې.
A slow, steady thoughtfulness shaped Buck's every move.
یو ورو، ثابت فکر د باک هر حرکت ته بڼه ورکړه.
He avoided rash choices and sudden, reckless decisions.
هغه د بېړني انتخابونو او ناڅاپي، بې پروا پریکړو څخه ډډه وکړه.
Though Buck hated Spitz deeply, he showed him no aggression.
که څه هم باک له سپیټز څخه ژوره کرکه درلوده، خو هغه پرې هیڅ تیری ونه کړ.
Buck never provoked Spitz, and kept his actions restrained.
باک هیڅکله سپیټز نه وه پارولې، او خپلې کړنې یې محدودې ساتلې.

Spitz, on the other hand, sensed the growing danger in Buck.

له بلې خوا، سپيټز په باک کې مخ په زياتېدونکي خطر احساس کړ.

He saw Buck as a threat and a serious challenge to his power.

هغه بک د خپل ځواک لپاره د يو ګواښ او جدي ننګونې په توګه وليد.

He used every chance to snarl and show his sharp teeth.

هغه له هر فرصت څخه ګټه پورته کړه ترڅو خپل تيز غاښونه وښيي او وښيي.

He was trying to start the deadly fight that had to come.

هغه هڅه کوله چې هغه وژونکې جګړه پيل کړي چې بايد راتلونکې وي.

Early in the trip, a fight nearly broke out between them.

د سفر په لومړيو کې، نږدې وه چې د دوی ترمنځ جګړه پيل شي.

But an unexpected accident stopped the fight from happening.

خو يوې ناڅاپي پېښې د جګړې مخه ونيوله.

That evening they set up camp on the bitterly cold Lake Le Barge.

په هغه ماښام دوی د لی بارج په سخت سړه جهيل کې کمپ جوړ کړ.

The snow was falling hard, and the wind cut like a knife.

واوره سخته ورېده، او باد د چاقو په څېر پرې کاوه.

The night had come too fast, and darkness surrounded them.

شپه ډېره ژر راغلې وه، او تياره يې محاصره کړه.

They could hardly have chosen a worse place for rest.

دوی د استراحت لپاره تر دې بد ځای غوره کول ناممکن وو.

The dogs searched desperately for a place to lie down.

سپي په بې صبرۍ سره د ويده کيدو لپاره ځای لټوي.

A tall rock wall rose steeply behind the small group.

د کوچنۍ ډلې تر شا يو لوړ ډبرې ديوال په چټکۍ سره پورته شو.

The tent had been left behind in Dyea to lighten the load.

خيمه په ديا کې د بار د سپکولو لپاره پرېښودل شوې وه.

They had no choice but to make the fire on the ice itself.

دوی بله چاره نه درلوده پرته له دې چې پخپله په يخ کې اور بل کړي.

They spread their sleeping robes directly on the frozen lake.

دوی خپل د خوب جامې په مستقيم ډول په کنګل شوي جهيل کې خپرې کړې.

A few sticks of driftwood gave them a little bit of fire.

د لرګيو څو لرګيو دوی ته لږ څه اور ورکړ.
But the fire was built on the ice, and thawed through it.
خو اور په يخ جوړ شوی و، او له منځه تللی و.
Eventually they were eating their supper in darkness.
بالاخره دوی په تیاره کې خپله ډوډۍ خوړله.
Buck curled up beside the rock, sheltered from the cold wind.
باک د ډبرې تر څنګ ودرېد، د سړې باد څخه خوندي شو.
The spot was so warm and safe that Buck hated to move away.
ځای دومره ګرم او خوندي و چې باک له لرې تګ څخه کرکه کوله.
But François had warmed the fish and was handing out rations.
خو فرانسوا کب ګرم کړی و او خوراکي توکي يې ورکول.
Buck finished eating quickly, and returned to his bed.
باک په چټکۍ سره خواړه پای ته ورساوه، او بیرته خپل بستر ته راغی.
But Spitz was now laying where Buck had made his bed.
خو سپیتز اوس هلته پروت و چې باک خپل بستر جوړ کړی و.
A low snarl warned Buck that Spitz refused to move.
يو ټيټ غږ باک ته خبرداری ورکړ چې سپیتز له حرکت کولو څخه انکار کوي.
Until now, Buck had avoided this fight with Spitz.
تر اوسه پورې، بک د سپیتز سره د دې جګړې څخه ډډه کړې وه.
But deep inside Buck the beast finally broke loose.
خو د باک دننه، حیوان بالاخره خلاص شو.
The theft of his sleeping place was too much to tolerate.
د هغه د خوب ځای غلا د زغملو وړ نه وه.
Buck launched himself at Spitz, full of anger and rage.
باک ځان په سپیتز کې وغورځاوه، له غوسې او غوسې ډک و.
Up until not Spitz had thought Buck was just a big dog.
تر هغه وخته پورې چې سپیتز فکر نه کاوه چې بک يوازې يو لوی سپی دی.
He didn't think Buck had survived through his spirit.
هغه فکر نه کاوه چې باک د خپل روح له لارې ژوندی پاتې شوی دی.
He was expecting fear and cowardice, not fury and revenge.
هغه د ویرې او بزدلۍ تمه درلوده، نه د غوسې او غچ.

François stared as both dogs burst from the ruined nest.
فرانسوا ورته وکتل کله چې دواړه سپي له ویجاړ شوي ځالي څخه راووتل.
He understood at once what had started the wild struggle.
هغه سمدلاسه پوه شو چې وحشي مبارزه څه شی پیل کړې وه.
"A-a-ah!" François cried out in support of the brown dog.
آآآآ"-فرانسوا د نسواري سپي په ملاتړ چیغه کړه ".
"Give him a beating! By God, punish that sneaky thief!"
هغه ته ووهئ"په خدای قسم، هغه غل ته سزا ورکړئ ."
Spitz showed equal readiness and wild eagerness to fight.
سپیتز د جګړې لپاره مساوي چمتووالی او وحشي لیوالتیا وښودله.
He cried out in rage while circling fast, seeking an opening.
هغه په غوسه چیغه کړه، په داسې حال کې چې په چټکۍ سره ګرځېده، د خلاصېدو په لټه کې وه.
Buck showed the same hunger to fight, and the same caution.
باک د جګړې لپاره ورته لوږه او ورته احتیاط وښود.
He circled his opponent as well, trying to gain the upper hand in battle.
هغه د خپل مخالف په شاوخوا کې هم ګرځېده، هڅه یې کوله چې په جګړه کې برلاسی ترلاسه کړي.
Then something unexpected happened and changed everything.
بیا یو ناڅاپي پیښه وشوه او هرڅه یې بدل کړل.
That moment delayed the eventual fight for the leadership.
هغه شیبه د مشرتابه لپاره وروستۍ مبارزه وځنډوله.
Many miles of trail and struggle still waited before the end.
د ډېرو مایلونو لاره او مبارزه لا هم د پای ته رسېدو په تمه وه.
Perrault shouted an oath as a club smacked against bone.
کله چې یو لرګی په هډوکي ووهل شو، پیرولټ قسم وخوړ.
A sharp yelp of pain followed, then chaos exploded all around.
د درد یوه تیزه چیغه راغله، بیا په ټوله کې ګډوډي خپره شوه.
Dark shapes moved in camp; wild huskies, starved and fierce.
تور شکلونه په کمپ کې ګرځېدل؛ وحشي مرغان، وږي او سخت وو.

Four or five dozen huskies had sniffed the camp from far away.

ځلور یا پنځه درجن هسکي له لرې څخه کمپ ته بوی کړی و.

They had crept in quietly while the two dogs fought nearby.

دوی په خاموشۍ سره دننه راغلل پداسي حال کې چې دوه سپي نږدې جګړه کوله.

François and Perrault charged, swinging clubs at the invaders.

فرانسوا او پیرولټ برید وکړ، په یرغلګرو یې ډنډې ولګولې.

The starving huskies showed teeth and fought back in frenzy.

وږي شوندو غاښونه وښودل او په غوسه یې ځواب ورکړ.

The smell of meat and bread had driven them past all fear.

د غوښې او ډوډۍ بوی دوی تول ویره له منځه یوړله.

Perrault beat a dog that had buried its head in the grub-box.

پیرولټ یو سپی وواهه چې سر یې د خځلو په صندوق کې ښخ کړی و.

The blow hit hard, and the box flipped, food spilling out.

ضربه سخته ولګېده، او صندوق وغورځېد، خواړه بهر راوتل.

In seconds, a score of wild beasts tore into the bread and meat.

په څو ثانیو کې، ګڼ شمېر وحشي ځناورو ډوډۍ او غوښه څیرې کړه.

The men's clubs landed blow after blow, but no dog turned away.

د نارینه وو کلبونه په یو بل پسې ګوزارونه وکړل، خو هیڅ سپی شاته ونه ګرځېد.

They howled in pain, but fought until no food remained.

دوی له درده چیغې وهلې، خو تر هغه وخته پورې یې جګړه وکړه چې هیڅ خواړه پاتې نه شول.

Meanwhile, the sled-dogs had jumped from their snowy beds.

په عین حال کې، سلیج سپي له خپلو واورو پوښل شویو بسترونو څخه کودتا وکړه.

They were instantly attacked by the vicious hungry huskies.

پر دوی سمدلاسه د وحشي وږو مرغانو لخوا برید وشو.

Buck had never seen such wild and starved creatures before.

باک مخکې هیڅکله داسې وحشي او وږي مخلوقات نه وو لیدلي.

Their skin hung loose, barely hiding their skeletons.

د دوی پوستکی خلاص و، او په سختی سره یې هډوکي پټول.
There was a fire in their eyes, from hunger and madness
د دوی په سترګو کې اور وو، د لوږې او لیونتوب څخه
There was no stopping them; no resisting their savage rush.
د دوی مخه نه نیول کېده؛ د دوی د وحشي چټکتیا په وړاندي مقاومت نه کېده.
The sled-dogs were shoved back, pressed against the cliff wall.
سلیج سپي بیرته وغورځول شول، د ډبرې دیوال سره یې فشار ورکړ.
Three huskies attacked Buck at once, tearing into his flesh.
درې هسکي په یو وخت کې په باک برید وکړ، د هغه غوښه یې ټوټه ټوټه کړه.
Blood poured from his head and shoulders, where he'd been cut.
د هغه د سر او اوږو څخه وینه بهېده، چیرې چې هغه پرې شوی و.
The noise filled the camp; growling, yelps, and cries of pain.
کمپ شور او غوغا ډکه کړه؛ د درد چیغې، چیغې او ژړاګانې.
Billee cried loudly, as usual, caught in the fray and panic.
بیلي په لوړ غږ ژړل، لکه څنګه چې تل وه، په جګړه او ویره کې راګیر شوه.
Dave and Solleks stood side by side, bleeding but defiant.
ډیو او سولیکس څنګ په څنګ ولاړ وو، وینې بهېدلې خو سرکشه وو.
Joe fought like a demon, biting anything that came close.
جو د یو شیطان په څیر جنګېده، هر هغه څه یې چیچل چې نږدې کېدل.
He crushed a husky's leg with one brutal snap of his jaws.
هغه د خپل ژامې په یوه ظالمانه وهلو سره د یو هسکي پښه ماته کړه.
Pike jumped on the wounded husky and broke its neck instantly.
پایک په ټپي هسکي ټوپ وواهه او سمدلاسه یې غاړه ماته کړه.
Buck caught a husky by the throat and ripped through the vein.
باک یو هسکي له ستوني ونیول او رګ یې پرې کړ.
Blood sprayed, and the warm taste drove Buck into a frenzy.
وینه توی شوه، او ګرم خوند بک په لیونتوب کې واچاوه.
He hurled himself at another attacker without hesitation.
هغه پرته له ځنده ځان په بل بریدګر وویشت.

At the same moment, sharp teeth dug into Buck's own throat.

په همدې شیبه کې، تیز غاښونه د باک په خپله ستوني کې ننوتل.

Spitz had struck from the side, attacking without warning.

سپیټز له اړخه برید وکړ، پرته له خبرتیا یې برید وکړ.

Perrault and François had defeated the dogs stealing the food.

پیرولټ او فرانسوا هغو سپو ته ماتې ورکړې وه چې خواړه یې غلا کول.

Now they rushed to help their dogs fight back the attackers.

اوس دوی د بریدګرو په وړاندې د خپلو سپیو د مرستې لپاره ور غلل.

The starving dogs retreated as the men swung their clubs.

کله چې سړو خپلې ډنډې وخوځولې، وږي سپي شاته شول.

Buck broke free from the attack, but the escape was brief.

باک له برید څخه خلاص شو، خو تېښته یې لنډه وه.

The men ran to save their dogs, and the huskies swarmed again.

سړي د خپلو سپو د ژغورلو لپاره منډه کړه، او سپي بیا راټول شول.

Billee, frightened into bravery, leapt into the pack of dogs.

بیلي، په زړورتیا سره وېرېدلی، د سپیو په ډله کې ټوپ وواهه.

But then he fled across the ice, in raw terror and panic.

خو بیا هغه د یخ له لارې وتښتېد، په سخت وېره او ډار کې.

Pike and Dub followed close behind, running for their lives.

پایک او ډوب نږدې شاته تعقیب شول، د خپل ژوند لپاره یې منډې وهلې.

The rest of the team broke and scattered, following after them.

د ډلې پاتې غړي مات شول او خپاره شول، او د دوی تعقیب یې وکړ.

Buck gathered his strength to run, but then saw a flash.

باک د منډې وهلو لپاره خپل ځواک راټول کړ، خو بیا یې یو ځراغ ولید.

Spitz lunged at Buck's side, trying to knock him to the ground.

سپیټز د باک په څنګ کې ټوپ وواهه، هڅه یې وکړه چې هغه په ځمکه وغورځوي.

Under that mob of huskies, Buck would have had no escape.

د هسکیانو د دې ډلې لاندې، باک به هیڅ تېښته نه درلوده.

But Buck stood firm and braced for the blow from Spitz.

خو بک ټینګ ولاړ و او د سپیټز د ګوزار لپاره یې چمتووالی ونیو.

Then he turned and ran out onto the ice with the fleeing team.
بیا هغه وګرځېد او د تښتېدلې ډلې سره په یخ باندې منډه کړه.

Later, the nine sled-dogs gathered in the shelter of the woods.
وروسته، نهه سلیج سپي د ځنګل په پناه ځای کې راټول شول.
No one chased them anymore, but they were battered and wounded.
نور هیچا هغوی تعقیب نه کړل، خو هغوی وهل او ټپیان شول.
Each dog had wounds; four or five deep cuts on every body.
د هر سپي ټپونه وو؛ د هر سپي په بدن څلور یا پنځه ژور ټپونه وو.
Dub had an injured hind leg and struggled to walk now.
ډوب یوه شاته پښه ټپي وه او اوس یې د تګ لپاره سخته مبارزه کوله.
Dolly, the newest dog from Dyea, had a slashed throat.
ډولي، د ډایا څخه تر ټولو نوې سپې، د ستوني پرې شوې برخه درلوده.
Joe had lost an eye, and Billee's ear was cut to pieces
جو یوه سترګه له لاسه ورکړې وه، او د بیلي غوږ ټوټې ټوټې شوی و.
All the dogs cried in pain and defeat through the night.
ټولو سپو ټوله شپه په درد او ماتې ژړل.
At dawn they crept back to camp, sore and broken.
سهار وختي دوی بیرته کمپ ته راغلل، دردمن او مات شوي وو.
The huskies had vanished, but the damage had been done.
هسکي ورک شوي وو، خو زیان یې شوی و.
Perrault and François stood in foul moods over the ruin.
پیرولټ او فرانسوا د کنډوالو په اړه په بد مزاج کې ولاړ وو.
Half of the food was gone, snatched by the hungry thieves.
نیمايي خواړه ورک شول، د وږو غلو لخوا وتښتول شول.
The huskies had torn through sled bindings and canvas.
هسکي د سلیج بندونو او کینوس له لارې خیرې شوي وو.
Anything with a smell of food had been devoured completely.
هر هغه څه چې د خوړو بوی یې درلود په بشپړه توګه خوړل شوي وو.
They ate a pair of Perrault's moose-hide traveling boots.
دوی د پیرولټ د موږکانو د پوستکي د سفر بوټانو یوه جوړه وخوړله.
They chewed leather reis and ruined straps beyond use.
دوی د چرم ریشې ژوولې او تسمې یې له کارولو څخه بهر خرابې کړې.

François stopped staring at the torn lash to check the dogs.

فرانسوا د سپو د چک کولو لپاره د مات شوي څادر په لټه کې ودرېده.

"Ah, my friends," he said, his voice low and filled with worry.

آه، زما ملګري، "هغه وویل، غږ یې ټیټ او له اندیښنې ډک و".

"Maybe all these bites will turn you into mad beasts."

ښایي دا ټولې چیچلې به تاسو په لیوني حیواناتو بدل کړي"."

"Maybe all mad dogs, sacredam! What do you think, Perrault?"

ښایي ټول لیوني سپي وي، مقدسه"."ته څه فکر کوې، پیرولټ؟

Perrault shook his head, eyes dark with concern and fear.

پیرولټ خپل سر وخوځاوه، سترګې یې له اندیښنې او ویرې تورې وې.

Four hundred miles still lay between them and Dawson.

د دوی او ډاوسن ترمنځ لا هم څلور سوه میله واټن وو.

Dog madness now could destroy any chance of survival.

د سپو لیونتوب اوس د ژوندي پاتې کیدو هر چانس له منځه وړی شي.

They spent two hours swearing and trying to fix the gear.

دوی دوه ساعته په بدو ویلو او د وسایلو د سمولو هڅه کې تېر کړل.

The wounded team finally left the camp, broken and defeated.

ټپي شوې لوبډله بالاخره له کمپ څخه ووتله، مات او ماتې وخوړه.

This was the hardest trail yet, and each step was painful.

دا تر اوسه پورې تر ټولو سخته لاره وه، او هر ګام یې دردناک و.

The Thirty Mile River had not frozen, and was rushing wildly.

د دېرش میله سیند کنګل شوی نه و، او په بې رحمۍ سره روان و.

Only in calm spots and swirling eddies did ice manage to hold.

یوازې په ارامو ځایونو او څپې وهونکو څپو کې یخ د ځان ساتلو توان درلود.

Six days of hard labor passed until the thirty miles were done.

شپږ ورځې سخت کار تېر شو تر څو چې دېرش میله بشپړ شول.

Each mile of the trail brought danger and the threat of death.

د لارې هر میل خطر او د مرګ ګواښ راوړ.

The men and dogs risked their lives with every painful step.

سړیو او سپیو په هر دردناک ګام کې خپل ژوند په خطر کې واچاوه.

Perrault broke through thin ice bridges a dozen different times.

پیرولټ لسګونه ځله د یخ د نرۍ پلونو څخه تیر شو.

He carried a pole and let it fall across the hole his body made.

هغه یوه ستنه پورته کړه او هغه یې د هغه په بدن جوړ شوي سوري کې وغورځوله.

More than once did that pole save Perrault from drowning.

هغه ستنې څو ځله پیرولټ له ډوبېدو وژغوره.

The cold snap held firm, the air was fifty degrees below zero.

سړه هوا تینګه وه، هوا له صفر څخه پنځوس درجې ښکته وه.

Every time he fell in, Perrault had to light a fire to survive.

هر کله چې پیرولټ په ډوبېدو کې ولوېد، د ژوندي پاتې کېدو لپاره یې اور بل کړ.

Wet clothing froze fast, so he dried them near blazing heat.

لوند جامې ژر کنګل شوې، نو هغه یې د تودې تودوخې سره نږدې وچې کړې.

No fear ever touched Perrault, and that made him a courier.

پیرولټ ته هیڅکله وېره نه وه راغلې، او همدې هغه د پیغام رسوونکي په توګه بدل کړ.

He was chosen for danger, and he met it with quiet resolve.

هغه د خطر لپاره غوره شوی و، او هغه یې په ارامه هوډ سره مخ کړ.

He pressed forward into wind, his shriveled face frostbitten.

هغه د باد په وړاندې مخ ته وخوځېد، د هغه مړاوی مخ یخ وهلی و.

From faint dawn to nightfall, Perrault led them onward.

له تیاره سهار څخه تر شپې پورې، پیرولټ دوی مخ په وړاندې بوتلل.

He walked on narrow rim ice that cracked with every step.

هغه د یخ په تنګه څنډه کې روان شو چې د هر ګام سره یې درزونه کېدل.

They dared not stop—each pause risked a deadly collapse.

دوی د درېدو جرئت ونه کړ — هر وقفه د وژونکي سقوط خطر درلود.

One time the sled broke through, pulling Dave and Buck in.

یو ځل سلیج مات شو، ډیو او بک یې دننه راکش کړل.

By the time they were dragged free, both were near frozen.

کله چې دوی راکش شول، دواړه نږدې کنګل شوي وو.

The men built a fire quickly to keep Buck and Dave alive.

سړيو په چټکۍ سره اور بل کړ ترڅو بک او ډيو ژوندي وساتي.
The dogs were coated in ice from nose to tail, stiff as carved wood.
سپي له پوزې څخه تر لکۍ پورې په يخ پوښل شوي وو، د نقاشۍ لرګي په څير سخت وو.
The men ran them in circles near the fire to thaw their bodies.
سړيو يې د اور سره نږدې په حلقو کې وګرځول ترڅو خپل جسدونه وويلي کړي.
They came so close to the flames that their fur was singed.
دوی اور ته دومره نږدې شول چې د دوی ويښتان وسوځېدل.
Spitz broke through the ice next, dragging in the team behind him.
سپيتز بيا د يخ له لارې ووت، او د هغه تر شا يې ټيم راښکته کړ.
The break reached all the way up to where Buck was pulling.
وقفه تر هغه ځايه پورې ورسېده چې بک يې کش کاوه.
Buck leaned back hard, paws slipping and trembling on the edge.
باک په کلکه شاته تکيه وکړه، پښې يې ښويېدلې او په څنډه کې لړزېده.
Dave also strained backward, just behind Buck on the line.
ډېو هم شاته وخوځېد، يوازې د باک شاته په ليکه کې.
François hauled on the sled, his muscles cracking with effort.
فرانسوا په سليج باندې وخوځېده، د هغه عضلات د هڅې سره مات شول.
Another time, rim ice cracked before and behind the sled.
بل ځل، د سليج مخکې او شاته د کنډک يخ مات شو.
They had no way out except to climb a frozen cliff wall.
دوی د وتلو بله لاره نه درلوده پرته له دې چې د کنګل شوي ډبرې ديوال ته وخېژي.
Perrault somehow climbed the wall; a miracle kept him alive.
پيرولټ په يو ډول ديوال ته پورته شو؛ يوې معجزې هغه ژوندی وساته.
François stayed below, praying for the same kind of luck.
فرانسوا لاندې پاتې شو، د ورته بخت لپاره يې دعا وکړه.
They tied every strap, lashing, and trace into one long rope.
دوی هر تسمه، په وهلو تکولو، او په يوه اوږده رسۍ کې يې وتړله.

The men hauled each dog up, one at a time to the top.
سړیو هر سپی پورته کړ، یو په یو یې پورته کړ.
François climbed last, after the sled and the entire load.
فرانسوا د سلیج او ټول بار وروسته په وروستي ځای کې وخوځېد.
Then began a long search for a path down from the cliffs.
بیا یې د ډبرو ښخه د ښکته کیدو لپاره اوږده لټون پیل کړ.
They finally descended using the same rope they had made.
بالاخره دوی د هماغه رسی په کارولو سره ښکته شول چې دوی جوړه کړې وه.
Night fell as they returned to the riverbed, exhausted and sore.
شپه راغله کله چې دوی د سیند غاړې ته راستانه شول، ستړي او دردمن وو.
They had taken a full day to cover only a quarter of a mile.
دوی ټوله ورځ یوازې د یو میل څلورمه برخه پوښلي وه.
By the time they reached the Hootalinqua, Buck was worn out.
کله چې دوی هوټالینکوا ته ورسېدل، باک ډېر ستړی شوی و.
The other dogs suffered just as badly from the trail conditions.
نور سپي هم د لارې د شرایطو له امله په ورته ډول زیانمن شول.
But Perrault needed to recover time, and pushed them on each day.
خو پیرولټ وخت ته اړتیا درلوده، او هره ورځ یې دوام ورکړ.
The first day they traveled thirty miles to Big Salmon.
په لومړۍ ورځ دوی دیرش میله لوی سالمون ته سفر وکړ.
The next day they travelled thirty-five miles to Little Salmon.
بله ورځ دوی پنځه دېرش میله سفر وکړ او کوچني سالمون ته لاړل.
On the third day they pushed through forty long frozen miles.
په دریمه ورځ دوی څلوېښت اوږده کنګل شوي میله مزل وکړ.
By then, they were nearing the settlement of Five Fingers.
تر هغه وخته پورې، دوی د پنځو ګوتو میشت ځای ته نږدې وو.

Buck's feet were softer than the hard feet of native huskies.
د بک پښې د اصلي هسکي سپیانو د سختو پښو په پرتله نرمې وې.

His paws had grown tender over many civilized generations.
د هغه پښې د ډېرو متمدنو نسلونو په اوږدو کې نرمې شوې وې.
Long ago, his ancestors had been tamed by river men or hunters.
ډېر پخوا، د هغه پلرونه د سیند د خلکو یا ښکاریانو لخوا اهلي شوي وو.
Every day Buck limped in pain, walking on raw, aching paws.
هره ورځ به باک په درد کې ګوډ ګوډ کېده، په خامو او دردناکو پښو به ګرځېده.
At camp, Buck dropped like a lifeless form upon the snow.
په کمپ کې، باک د واورې په سر د بې جانه شکل په څیر راښکته شو.
Though starving, Buck did not rise to eat his evening meal.
که څه هم باک وږی و، خو د ماښام ډوډۍ خوړلو لپاره پورته نه شو.
François brought Buck his ration, laying fish by his muzzle.
فرانسوا باک ته خپل خواړه راوړل، کب یې د خولې سره کېښود.
Each night the driver rubbed Buck's feet for half an hour.
هره شپه موټر چلوونکي د نیم ساعت لپاره د باک پښې مسح کړې.
François even cut up his own moccasins to make dog footwear.
فرانسوا حتی د سپي بوټان جوړولو لپاره خپل موکاسینونه پرې کړل.
Four warm shoes gave Buck a great and welcome relief.
څلورو ګرمو بوټانو بک ته ښه او ښه راغلاست راحت ورکړ.
One morning, François forgot the shoes, and Buck refused to rise.
یوه سهار، فرانسوا بوټان هېر کړل، او باک له پورته کېدو ډډه وکړه.
Buck lay on his back, feet in the air, waving them pitifully.
باک په شا پروت و، پښې یې په هوا کې پورته کړې وې، په خواشینۍ سره یې ښورولې.
Even Perrault grinned at the sight of Buck's dramatic plea.
حتی پیرولټ د باک د ډراماتیک غوښتنې په لیدو سره موسکی شو.
Soon Buck's feet grew hard, and the shoes could be discarded.
ډېر ژر د باک پښې سختې شوې، او بوټان یې له منځه وړل کېدای شول.
At Pelly, during harness time, Dolly let out a dreadful howl.
په پیلي کې، د هارنس په وخت کې، ډولي یو ویرونکی چیغه وکړه.
The cry was long and filled with madness, shaking every dog.

ژړا اوړده او له لېونتوب ډکه وه، چې هر سپي يې لړزاوه.
Each dog bristled in fear without knowing the reason.
هر سپی پرته له دې چې دليل يې پوه شي، له وېرې لړزېده.
Dolly had gone mad and hurled herself straight at Buck.
ډولي لېونی شوې وه او ځان يې په باک باندې وغورځاوه.
Buck had never seen madness, but horror filled his heart.
باک هيڅکله ليونتوب نه و ليدلی، خو زړه يې وحشت ډک کړ.
With no thought, he turned and fled in absolute panic.
پرته له کوم فکر کولو، هغه مخ واړاوه او په بشپړ ډول په ويره کې وتښتېد.
Dolly chased him, her eyes wild, saliva flying from her jaws.
ډولي هغه تعقيب کړ، سترګې يې تورې وې، لاړې يې له ژامو څخه راوتلې وې.
She kept right behind Buck, never gaining and never falling back.
هغه د باک تر شا ولاړه وه، هيڅکله يې لاسته راوړنه نه درلوده او هيڅکله يې شاته نه غورځېده.
Buck ran through woods, down the island, across jagged ice.
باک د ځنګلونو له لارې، د ټاپو لاندې، د کندې يخ له لارې منده کړه.
He crossed to an island, then another, circling back to the river.
هغه يوې ټاپو ته لاړ، بيا بلې ته، بيرته سيند ته چکر وواهه.
Still Dolly chased him, her growl close behind at every step.
بيا هم ډولي هغه تعقيباوه، د هغې د هر ګام په شا کې د هغې د غرور غږ نږدې و.
Buck could hear her breath and rage, though he dared not look back.
باک د هغې ساه او غوسه اورېدله، که څه هم هغه د شاته کتلو جرئت نه کاوه.
François shouted from afar, and Buck turned toward the voice.
فرانسوا له لرې څخه چيغه کړه، او باک د غږ په لور مخ واړاوه.
Still gasping for air, Buck ran past, placing all hope in François.
باک لا هم د ساه اخيستلو لپاره ساه اخيسته، او په منده يې ټولې هيلې په فرانسوا ولګولې.

The dog-driver raised an axe and waited as Buck flew past.

د سپي چلوونکي تبر پورته کړ او انتظار یې وکړ چې بک تیر شي.

The axe came down fast and struck Dolly's head with deadly force.

تبر په چټکۍ سره راښکته شو او د ډولي په سر یې په وژونکي ځواک سره وواهه.

Buck collapsed near the sled, wheezing and unable to move.

باک د سليج سره نږدې وغورځېد، ساه یې بندېده او د حرکت کولو توان یې نه درلود.

That moment gave Spitz his chance to strike an exhausted foe.

هغه شيبه سپيتز ته فرصت ورکړ چې يو ستړی دښمن ووژني.

Twice he bit Buck, ripping flesh down to the white bone.

دوه ځله يې بک چيچلی، غوښه يې تر سپيني هډوکي پورې څيرې کړه.

François's whip cracked, striking Spitz with full, furious force.

د فرانسوا ښتک مات شو، په بشپړ او قهرجن ځواک سره يې سپيتز وواهه.

Buck watched with joy as Spitz received his harshest beating yet.

باک په خوښۍ سره وکتل کله چې سپيتز تر اوسه پورې تر ټولو سخته وهل شوې وه.

"He's a devil, that Spitz," Perrault muttered darkly to himself.

هغه يو شيطان دی، هغه سپيتز، "پيرولټ په تياره ډول له ځان سره " وويل.

"Someday soon, that cursed dog will kill Buck—I swear it."

يوه ورځ ژر، هغه لعنتي سپی به باک ووژني - زه قسم خورم"-."

"That Buck has two devils in him," François replied with a nod.

فرانسوا په سر ښورولو سره ځواب ورکړ-.هغه بک په خپل وجود کې " دوه شيطانان لري-."

"When I watch Buck, I know something fierce waits in him."

کله چې زه بک ګورم، زه پوهيږم چې يو څه سخت په هغه کې انتظار " کوي-."

"One day, he'll get mad as fire and tear Spitz to pieces."

يوه ورځ، هغه به د اور په څیر لیونی شي او سپیتز به ټوټې ټوټې کړي"-"
"He'll chew that dog up and spit him on the frozen snow."
هغه به دا سپی ژاړي او په کنګل شوې واوره به یې توی کړي"-"
"Sure as anything, I know this deep in my bones."
یقینا، زه دا زما په هډوکو کې ژور پیژنم"-"

From that moment forward, the two dogs were locked in war.
له هغې شیبې څخه، دواړه سپي په جګړه کې ښکیل وو-

Spitz led the team and held power, but Buck challenged that.
سپیتز ټیم رهبري کړ او واک یې وساته، خو بک دا ننګونه وکړه-

Spitz saw his rank threatened by this odd Southland stranger.
سپیتز د دې عجیب ساوتلینډ اجنبی لخوا خپل رتبه ګواښلې ولیده-

Buck was unlike any southern dog Spitz had known before.
باک د هر هغه جنوبي سپي په څیر نه و چې سپیتز مخکې پیژندلی و-

Most of them failed—too weak to live through cold and hunger.
ډیری یې ناکام شول - ډیر کمزوري وو چې د سړې او لوږې سره ژوند نشي کولی-

They died fast under labor, frost, and the slow burn of famine.
دوی د کار، یخنۍ او د قحطۍ د ورو سوځیدو له امله ژر مړه شول-

Buck stood apart—stronger, smarter, and more savage each day.
باک جلا ودریږد - ورځ تر بلې پیاوړی، هوښیار او وحشي کیږده-

He thrived on hardship, growing to match the northern huskies.
هغه په سختۍ سره وده وکړه، د شمالي هسکیانو سره سمون خوري-

Buck had strength, wild skill, and a patient, deadly instinct.
باک ځواک، وحشي مهارت، او یو صبرناک، وژونکی غریزی درلود-

The man with the club had beaten rashness out of Buck.
هغه سړي چې کلپ یې درلود، د باک څخه بې پروایي ماته کړې وه-

Blind fury was gone, replaced by quiet cunning and control.
ړوند غوسه لاړه، پر ځای یې خاموش چالاکي او کنټرول راغی-

He waited, calm and primal, watching for the right moment.
هغه انتظار کاوه، ارام او ساده، د سمې شیبې په لټه کې و-

Their fight for command became unavoidable and clear.

د قوماندې لپاره د دوی مبارزه ناګزیر او روښانه شوه.

Buck desired leadership because his spirit demanded it.

باک مشرتابه غوښتل ځکه چې د هغه روح دا غوښتنه کوله.

He was driven by the strange pride born of trail and harness.

هغه د هغه عجیب غرور له امله هڅول شوی و چې د لارې او هارنس څخه زیږیدلی و.

That pride made dogs pull till they collapsed on the snow.

دې غرور سپي دې ته اړ کړل چې په واوره کې راپرېوځي.

Pride lured them into giving all the strength they had.

غرور دوی دې ته وهڅول چې ټول هغه ځواک ورکړي چې دوی يې درلودل.

Pride can lure a sled-dog even to the point of death.

غرور کولی شي سلیج سپی حتی تر مرګ پورې هم راجلب کړي.

Losing the harness left dogs broken and without purpose.

د زنګ وهلو له امله سپي مات او بې هدفه شول.

The heart of a sled-dog can be crushed by shame when they retire.

د سليج سپي زړه د تقاعد په وخت کې د شرم له امله ماتیدلی شي.

Dave lived by that pride as he dragged the sled from behind.

ډېو د همدې وياړ سره ژوند کاوه کله چې هغه سلیج له شا څخه کشاوه.

Solleks, too, gave his all with grim strength and loyalty.

سولیکس هم خپل ټول توان په سخت ځواک او وفادارۍ سره ورکړ.

Each morning, pride turned them from bitter to determined.

هر سهار، غرور دوی له تریخوالي څخه هوډمن ته اړول.

They pushed all day, then dropped silent at the camp's end.

دوی ټوله ورځ فشار راوړ، بیا د کمپ په پای کې غلي شول.

That pride gave Spitz the strength to beat shirkers into line.

دې وياړ سپيټز ته ځواک ورکړ چې شرکرانو ته ماتې ورکړي او په ليکه کې راشي.

Spitz feared Buck because Buck carried that same deep pride.

سپيټز له باک څخه وېرېده ځکه چې باک همغه ژور غرور درلود.

Buck's pride now stirred against Spitz, and he did not stop.

د باک غرور اوس د سپيټز په وړاندې راپورته شو، او هغه ونه دریږد.

Buck defied Spitz's power and blocked him from punishing dogs.

باک د سپیتز له ځواک څخه سرغړونه وکړه او هغه یې د سپو د سزا ورکولو څخه منع کړ.

When others failed, Buck stepped between them and their leader.

کله چې نور ناکام شول، بک د دوی او د دوی د مشر ترمنځ گام پورته کړ.

He did this with intent, making his challenge open and clear.

هغه دا کار په ارادې سره وکړ، او خپله ننګونه یې پرانیستې او روښانه کړه.

On one night heavy snow blanketed the world in deep silence.

یوه شپه درنې واورې نړۍ په ژوره چوپتیا کې پوښلې وه.

The next morning, Pike, lazy as ever, did not rise for work.

بله سهار، پایک، د تل په څیر سست، د کار لپاره ونه پاڅېد.

He stayed hidden in his nest beneath a thick layer of snow.

هغه د واورې د یوې ګڼې طبقې لاندې په خپله ځاله کې پټ پاتې شو.

François called out and searched, but could not find the dog.

فرانسوا غږ وکړ او لټون یې وکړ، خو سپی یې ونه موند.

Spitz grew furious and stormed through the snow-covered camp.

سپیتز په غوسه شو او د واورې پوښل شوي کمپ له لارې یې برید وکړ.

He growled and sniffed, digging madly with blazing eyes.

هغه چیغه کړه او بوی یې وکړ، په لیونتوب سره یې د اور لمبو سترګو سره کیندل.

His rage was so fierce that Pike shook under the snow in fear.

د هغه غوسه دومره سخته وه چې پیک په ویره کې د واورې لاندې ولړزېد.

When Pike was finally found, Spitz lunged to punish the hiding dog.

کله چې پایک بالاخره وموندل شو، سپیتز د پټ شوي سپي د سزا ورکولو لپاره توپ وواهه.

But Buck sprang between them with a fury equal to Spitz's own.

خو بک د سپيټز په خبر په غوسه د دوی ترمنځ منده ووهله.
The attack was so sudden and clever that Spitz fell off his feet.
برید دومره ناڅاپي او هوښیار و چې سپيټز له پښو وغورځېد.
Pike, who had been shaking, took courage from this defiance.
پایک، چې لړزېده، له دې سرغړونې څخه یې زړورتیا ترلاسه کړه.
He leapt on the fallen Spitz, following Buck's bold example.
هغه د بک د زړور مثال په تعقیب، په غورځېدلي سپيټز باندې توپ وواهه.
Buck, no longer bound by fairness, joined the strike on Spitz.
باک، چې نور د انصاف سره تړلی نه و، د سپيټز په اعتصاب کې شامل شو.
François, amused yet firm in discipline, swung his heavy lash.
فرانسوا، چې خوشحاله و خو په نظم کې ټینګ و، خپل درووند ګوزار یې وواهه.
He struck Buck with all his strength to break up the fight.
هغه په خپل ټول قوت سره په بک وواهه ترڅو جګړه مات کړي.
Buck refused to move and stayed atop the fallen leader.
باک له حرکت کولو ډډه وکړه او د غورځېدلي مشر په سر کې پاتې شو.
François then used the whip's handle, hitting Buck hard.
فرانسوا بیا د څټک لاستی وکاراوه، او بک یې سخت وواهه.
Staggering from the blow, Buck fell back under the assault.
د ضربې څخه حیران، باک بیرته تر برید لاندې راغی.
François struck again and again while Spitz punished Pike.
فرانسوا بیا بیا ګوزارونه کول پداسې حال کې چې سپيټز پایک ته سزا ورکوله.

Days passed, and Dawson City grew nearer and nearer.
ورځې تېرېدې، او د ډاوسن ښار نور هم نږدې کېده.
Buck kept interfering, slipping between Spitz and other dogs.
باک مداخله کوله، د سپيټز او نورو سپیو ترمنځ ښوییده.

He chose his moments well, always waiting for François to leave.

هغه خپلې شیبې په ښه توګه غوره کړې، تل به د فرانسوا د وتلو په تمه و.

Buck's quiet rebellion spread, and disorder took root in the team.

د باک خاموش بغاوت خپور شو، او ګډوډۍ په تیم کې ریښه ونیوله.

Dave and Solleks stayed loyal, but others grew unruly.

ډیو او سولیکس وفادار پاتې شول، خو نور یې بې نظمه شول.

The team grew worse—restless, quarrelsome, and out of line.

تیم خراب شو - نارامه، جنجالي، او له کرښې بهر.

Nothing worked smoothly anymore, and fights became common.

نور هیڅ شی په اسانی سره کار نه کاوه، او جګړې عامې شوې.

Buck stayed at the heart of the trouble, always provoking unrest.

باک د ستونزې په زړه کې پاتې شو، تل یې نا آرامی راپاروله.

François stayed alert, afraid of the fight between Buck and Spitz.

فرانسوا هوښیار پاتې شو، د بک او سپیتز ترمنځ د جګړې څخه ویره درلوده.

Each night, scuffles woke him, fearing the beginning finally arrived.

هره شپه، شخړو هغه راویښ کړ، او ویره یې درلوده چې بالاخره پیل به راشي.

He leapt from his robe, ready to break up the fight.

هغه له خپل جامو څخه کودتا وکړه، د جګړې د ماتولو لپاره چمتو شو.

But the moment never came, and they reached Dawson at last.

خو هغه شیبه هیڅکله رانه شوه، او بالاخره دوی ډاوسن ته ورسیدل.

The team entered the town one bleak afternoon, tense and quiet.

تیم یوه تیاره ماسپښین ښار ته ننوتل، په کې کرکیچ او ارامي وه.

The great battle for leadership still hung in the frozen air.

د مشرتابه لپاره لویه جګړه لا هم په کنګل شوې هوا کې ځوړند وه.

Dawson was full of men and sled-dogs, all busy with work.

ډاوسن له سړیو او سلیج سپیو ډک و، ټول په کار بوخت وو.

Buck watched the dogs pull loads from morning until night.
باک د سهار څخه تر شپې پورې سپي د بارونو ایستلو ته کتل.
They hauled logs and firewood, freighted supplies to the mines.
دوی لرګي او لرګي وړل، کانونو ته یې اکمالات وړل.
Where horses once worked in the Southland, dogs now labored.
چیرته چې یو وخت په ساوت لینډ کې اسونه کار کاوه، اوس سپي کار کوي.
Buck saw some dogs from the South, but most were wolf-like huskies.
باک د جنوب څخه ځینې سپي ولیدل، خو ډیری یې د لیوه په څیر سپي وو.
At night, like clockwork, the dogs raised their voices in song.
په شپه کې، لکه د ساعت کار، سپو خپل غږونه په سندرو کې پورته کول.
At nine, at midnight, and again at three, the singing began.
په نهو بجو، د شپې په نیمایي کې، او بیا په دریو بجو، سندرې ویل پیل شول.
Buck loved joining their eerie chant, wild and ancient in sound.
باک د دوی د عجیبې سندرې سره یوځای کیدل خوښول، چې په غږ کې وحشي او لرغونی وو.
The aurora flamed, stars danced, and snow blanketed the land.
اورورا اور واخیست، ستوري نڅېدل، او واوره ځمکه پوښله.
The dogs' song rose as a cry against silence and bitter cold.
د سپو سندره د چوپتیا او سختې یخنۍ پر وړاندې د چیغې په توګه راپورته شوه.
But their howl held sorrow, not defiance, in every long note.
خو د دوی چیغې په هره اوږده یادونه کې غم ساتلی و، نه سرغړونې.
Each wailing cry was full of pleading; the burden of life itself.
هره ژړا له زاریو ډکه وه؛ د ژوند بار.
That song was old—older than towns, and older than fires
دا سندره زړه وه - د ښارونو څخه زاړه، او د اور څخه زاړه
That song was more ancient even than the voices of men.
هغه سندره د انسانانو د غږونو په پرتله هم ډېره لرغونې وه.

It was a song from the young world, when all songs were sad.

دا د ځوانی نړی یوه سندره وه، کله چې ټولې سندرې غمجنې وې.

The song carried sorrow from countless generations of dogs.

دې سندرې د سپو د بې شمېره نسلونو غمونه لېږدول.

Buck felt the melody deeply, moaning from pain rooted in the ages.

باک په ژوره توګه سندره احساس کړه، د هغه درد څخه چیغې وهلې چې په زمانو کې ریښې لري.

He sobbed from a grief as old as the wild blood in his veins.

هغه د هغه غم څخه ژړل چې په رګونو کې یې وحشي وینه وه.

The cold, the dark, and the mystery touched Buck's soul.

ساړه، تیاره، او راز د باک روح ته لاس واچاوه.

That song proved how far Buck had returned to his origins.

دې سندرې ثابته کړه چې باک څومره خپل اصل ته راستون شوی و.

Through snow and howling he had found the start of his own life.

د واورې او ژړا له لارې هغه د خپل ژوند پیل وموند.

Seven days after arriving in Dawson, they set off once again.

ډاوسن ته له رسیدو اووه ورځې وروسته، دوی یو ځل بیا روان شول.

The team dropped from the Barracks down to the Yukon Trail.

تیم له بارکونو څخه د یوکون لارې ته ښکته شو.

They began the journey back toward Dyea and Salt Water.

دوی د دیا او مالګې اوبو په لور بیرته سفر پیل کړ.

Perrault carried dispatches even more urgent than before.

پیرولټ د پخوا په پرتله ډیر عاجل پیغامونه لیږدول.

He was also seized by trail pride and aimed to set a record.

هغه هم د لارې ویاړ لخوا نیول شوی و او هدف یې دا و چې ریکارډ جوړ کړي.

This time, several advantages were on Perrault's side.

دا ځل، څو ګټې د پیرولټ په خوا کې وې.

The dogs had rested for a full week and regained their strength.

سپو پوره یوه اونۍ آرام وکړ او خپل ځواک یې بیرته ترلاسه کړ.

The trail they had broken was now hard-packed by others.

هغه لاره چې دوی پرې کړې وه اوس د نورو له امله سخته شوې وه.
In places, police had stored food for dogs and men alike.
په ځينو ځايونو کې، پوليسو د سپو او سړيو لپاره خواړه ذخيره کړي وو.
Perrault traveled light, moving fast with little to weigh him down.
پيرولټ سپک سفر کاوه، په چټکۍ سره حرکت کاوه او لږ يې د ځان د وزن کمولو لپاره کاوه.
They reached Sixty-Mile, a fifty-mile run, by the first night.
دوی د لومړۍ شپې پورې شپيته ميله ته ورسيدل، چې پنځوس ميله منډه وه.
On the second day, they rushed up the Yukon toward Pelly.
په دوهمه ورځ، دوی د يوکون څخه د پيلي په لور روان شول.
But such fine progress came with much strain for François.
خو دا ښه پرمختګ د فرانسوا لپاره ډېر فشار راوړ.
Buck's quiet rebellion had shattered the team's discipline.
د باک خاموش بغاوت د ټيم نظم مات کړ.
They no longer pulled together like one beast in the reins.
دوی نور د يو حيوان په څېر سره يوځای نه شول.
Buck had led others into defiance through his bold example.
باک د خپل زړور مثال له لارې نور خلک سرکشۍ ته هڅولي وو.
Spitz's command was no longer met with fear or respect.
د سپيتز امر نور د ويرې يا درناوي سره نه و.
The others lost their awe of him and dared to resist his rule.
نورو د هغه څخه خپله ويره له لاسه ورکړه او د هغه د واکمنۍ په وړاندې يې د مقاومت جرئت وکړ.
One night, Pike stole half a fish and ate it under Buck's eye.
يوه شپه، پايک نيم کب غلا کړ او د باک د سترګو لاندې يې وخوړ.
Another night, Dub and Joe fought Spitz and went unpunished.
يوه بله شپه، ډوب او جو د سپيتز سره جګړه وکړه او بې سزا پاتې شول.
Even Billee whined less sweetly and showed new sharpness.
حتی بيلي لږ خوږ غږ وکړ او نوې تېزوالی يې وښود.
Buck snarled at Spitz every time they crossed paths.
هر کله چې دوی له لارو تېرېدل، باک به په سپيتز باندې چيغه وهله.
Buck's attitude grew bold and threatening, nearly like a bully.

د باک چلند زرور او ګواښونکی شو ، تقریبا د یو خورونکي په خیر ۔

He paced before Spitz with a swagger, full of mocking menace.

هغه د سپیتز په وراندي په ډېر غرور سره، له ملندو ډک ګواښ سره روان شو۔

That collapse of order also spread among the sled-dogs.

د نظم دا سقوط د سلیج سپیو په منځ کي هم خپور شو۔

They fought and argued more than ever, filling camp with noise.

دوی تر بل هر وخت ډېر جنګ او شخړي وکړي، کمپ یی له شور او غوغا ډک کړ۔

Camp life turned into a wild, howling chaos each night.

د کمپ ژوند هره شپه په یوه وحشي او ګډوډي بدل شو۔

Only Dave and Solleks remained steady and focused.

یوازي ډیو او سولیکس ثابت او متمرکز پاتي شول۔

But even they became short-tempered from the constant brawls.

خو حتی دوی د پرله پسي شخړو له امله غوسه شول۔

François cursed in strange tongues and stomped in frustration.

فرانسوا په عجیبو ژبو لعنت ووایه او په مایوسی سره یي وخوځاوه۔

He tore at his hair and shouted while snow flew underfoot.

هغه خپل وېښتان وشلول او چیغه یي کړه پداسي حال کي چي واوره د پښو لاندي الوتله۔

His whip snapped across the pack but barely kept them in line.

د هغه څټک د خلکو په ټول بدن ولګېد خو په سختی سره یي په لیکه کي وساتل۔

Whenever his back was turned, the fighting broke out again.

هر کله چي به یی شا واړوله، جګړه بیا پیل شوه۔

François used the lash for Spitz, while Buck led the rebels.

فرانسوا د سپیتز لپاره د وهلو تکولو څخه کار واخیست، پداسي حال کي چي بک د یاغیانو مشري کوله۔

Each knew the other's role, but Buck avoided any blame.

هر یو د بل رول پوهیده، مګر بک د هر دول ملامتی څخه ډډه وکړه۔

François never caught Buck starting a fight or shirking his job.

فرانسوا هیڅکله د باک د جګړې پیل کول یا له خپلې دندې څخه تیښته نه ده لیدلې.

Buck worked hard in harness—the toil now thrilled his spirit.

باک په زنجیر کې سخت کار کاوه - کار اوس د هغه روحیه هڅوله.

But he found even more joy in stirring fights and chaos in camp.

خو هغه په کمپ کې د جګړو او ګډوډۍ په راپارولو کې نوره هم خوښي وموندله.

At the Tahkeena's mouth one evening, Dub startled a rabbit.

یوه ماښام د تهکینا په خوله کې، ډوب یو خرګوش حیران کړ.

He missed the catch, and the snowshoe rabbit sprang away.

هغه نیول له لاسه ورکړ، او د واورې بوټی سوی توپ وواهه.

In seconds, the entire sled team gave chase with wild cries.

په څو ثانیو کې، د سلیج ټوله ډله په وحشي چیغو سره تعقیب کړه.

Nearby, a Northwest Police camp housed fifty husky dogs.

نږدې، د شمال لویدیز پولیسو کمپ کې پنځوس سپي ځای پر ځای شوي وو.

They joined the hunt, surging down the frozen river together.

دوی په ښکار کې شامل شول، په کنګل شوي سیند کې یوځای ښکته شول.

The rabbit turned off the river, fleeing up a frozen creek bed.

سوی د سیند لاره بنده کړه، د کنګل شوي ویالې بستر ته وتښتېد.

The rabbit skipped lightly over snow while the dogs struggled through.

خرګوش په واورو لږ توپ وواهه پداسې حال کې چې سپي له واورو څخه د تېرېدو هڅه کوله.

Buck led the massive pack of sixty dogs around each twisting bend.

باک د شپیتو سپیو لویه ډله د هر تاوونکي کږ شاوخوا رهبري کوله.

He pushed forward, low and eager, but could not gain ground.

هغه مخ په وړاندې لاړ، تیټ او لیواله، خو ونه توانېد چې څمکه ترلاسه کړي۔
His body flashed under the pale moon with each powerful leap.
د هغه بدن د هرې قوي کودتا سره د شین سپوږمۍ لاندې ځلیده۔
Ahead, the rabbit moved like a ghost, silent and too fast to catch.
مخکې، خرگوش د یو پیري په څیر حرکت وکړ، غلی او ډیر گړندی و چې ونه نیول شو۔
All those old instincts—the hunger, the thrill—rushed through Buck.
ټول هغه زاړه غریزونه - لوږه، لیوالتیا - د باک له لارې راوتلي وو۔
Humans feel this instinct at times, driven to hunt with gun and bullet.
انسانان کله ناکله دا غریزه احساسوي، او د توپک او گولۍ سره ښکار ته هڅول کیږي۔
But Buck felt this feeling on a deeper and more personal level.
خو بک دا احساس په ژوره او شخصي کچه احساس کړ۔
They could not feel the wild in their blood the way Buck could feel it.
دوی په خپله وینه کې وحشي حالت داسې نه شو احساسولی لکه څنگه چې بک احساس کولی شو۔
He chased living meat, ready to kill with his teeth and taste blood.
هغه د ژوندۍ غوښې پسې وخوځېد، د خپلو غاښونو سره د وژلو او د وینې خوند اخیستلو ته چمتو و۔
His body strained with joy, wanting to bathe in warm red life.
د هغه بدن له خوښۍ څخه ډک و، غوښتل یې چې په گرم سور ژوند کې غسل وکړي۔
A strange joy marks the highest point life can ever reach.
یوه عجیبه خوښي هغه لوړ مقام په گوته کوي چې ژوند یې تر اوسه پورې رسیدلی شي۔
The feeling of a peak where the living forget they are even alive.

د هغه لوړوالي احساس چې ژوندي خلک يې حتی ژوندي هم هېروي.
This deep joy touches the artist lost in blazing inspiration.
دا ژوره خوښي هغه هنرمند ته لمس کوي چې په ځليدونکي الهام کې ورک شوی وي.
This joy seizes the soldier who fights wildly and spares no foe.
دا خوښي هغه عسکر نيسي چې په وحشيانه ډول جنګيږي او هيڅ دښمن نه پرېږدي.
This joy now claimed Buck as he led the pack in primal hunger.
دا خوښی اوس د بک ادعا وکړه ځکه چې هغه په لومړني لوږه کې د ډلې مشري کوله.
He howled with the ancient wolf-cry, thrilled by the living chase.
هغه د لرغوني ليوه چيغي سره چيغي وهلې، د ژوندي تعقيب څخه خوشحاله شو.
Buck tapped into the oldest part of himself, lost in the wild.
باک د ځان تر ټولو زاړه برخي ته ننوت، په ځنګل کې ورک شو.
He reached deep within, past memory, into raw, ancient time.
هغه د تيرې حافظې ژورې برخې ته، خام، لرغوني وخت ته ورسېد.
A wave of pure life surged through every muscle and tendon.
د پاک ژوند څپه د هرې عضلاتي او رګونو له لارې خپره شوه.
Each leap shouted that he lived, that he moved through death.
هر ټوپ چيغه کړه چې هغه ژوندی دی، هغه د مرګ له لارې تير شوی دی.
His body soared joyfully over still, cold land that never stirred.
د هغه بدن په خوښی سره د ارام، سړې ځمکې په سر پورته شو چې هيڅکله نه خوځېده.
Spitz stayed cold and cunning, even in his wildest moments.
سپيتز په خپلو وحشي شيبو کې هم سړه او چالاک پاتې شو.
He left the trail and crossed land where the creek curved wide.

هغه لاره پرېښوده او له هغه ځمکې څخه تېر شو چېرې چې وياله پراخه وه.

Buck, unaware of this, stayed on the rabbit's winding path.

باک، چې له دې خبر نه و، د خرګوش په څرخېدونکې لاره کې پاتې شو.

Then, as Buck rounded a bend, the ghost-like rabbit was before him.

بيا، لکه څنګه چې بک يو تاو وخوځاوه، د ارواح په څېر خرګوش د هغه په وړاندې و.

He saw a second figure leap from the bank ahead of the prey.

هغه د ښکار په مخکې د بانک څخه د دوهمې شمېرې توپ ولید.

The figure was Spitz, landing right in the path of the fleeing rabbit.

دا څېره سپيټز وه، چې د تښتېدلي خرګوش په لاره کې راښکته شوه.

The rabbit could not turn and met Spitz's jaws in mid-air.

سوی نشو کولی چې وګرځي او په هوا کې د سپيټز ژامې سره وجنګېد.

The rabbit's spine broke with a shriek as sharp as a dying human's cry.

د خرګوش ملا د يوې تېزې چيغې سره مات شو لکه د مرګ په حال کې د انسان چيغه.

At that sound—the fall from life to death—the pack howled loud.

په دې غږ - له ژوند څخه مرګ ته د لوېدو - ډلې په لوړ غږ چيغې وهلې.

A savage chorus rose from behind Buck, full of dark delight.

د باک له شا څخه يو وحشي کورس راپورته شو، چې له تياره خوښۍ ډک و.

Buck gave no cry, no sound, and charged straight into Spitz.

باک هيڅ چيغه ونه کړه، هيڅ غږ يې ونه کړ، او مستقيم په سپيټز کې يې بريد وکړ.

He aimed for the throat, but struck the shoulder instead.

هغه د ستوني په لور وخوت، خو پرځای يې په اوږه وواهه.

They tumbled through soft snow; their bodies locked in combat.

دوی په نرمه واوره کې وغورځېدل؛ د دوی بدنونه په جګړه کې بند پاتې وو.

Spitz sprang up quickly, as if never knocked down at all.

سپیتز په چټکۍ سره پورته شو، لکه هیڅکله چې نه وي غورځیدلی.
He slashed Buck's shoulder, then leaped clear of the fight.
هغه د باک اوږه پرې کړه، بیا له جګړې څخه وتښتېد.
Twice his teeth snapped like steel traps, lips curled and fierce.
دوه ځله یې غاښونه د فولادي جالونو په څیر مات شول، شونډې یې تاو شوې او سختې شوې.
He backed away slowly, seeking firm ground under his feet.
هغه ورو ورو شاته لاړ، د خپلو پښو لاندې د ټینګې ځمکې په لټه کې.
Buck understood the moment instantly and fully.
باک دا شیبه په سمدستي او بشپړ ډول درک کړه.
The time had come; the fight was going to be a fight to the death.
وخت راغلی و؛ جګړه به تر مرګه پورې روانه وه.
The two dogs circled, growling, ears flat, eyes narrowed.
دوه سپي ګرد چاپېره ګرځېدل، غرمبېدل، غوږونه یې سم وو، سترګې یې تنګ وې.
Each dog waited for the other to show weakness or misstep.
هر سپی د بل د کمزورۍ یا تېروتنې ښودلو انتظار کاوه.
To Buck, the scene felt eerily known and deeply remembered.
د باک لپاره، دا صحنه په زړه پورې پیژندل شوې او په ژوره توګه په یاد لرونکې وه.
The white woods, the cold earth, the battle under moonlight.
سپین ځنګلونه، سړه ځمکه، د سپوږمۍ تر رڼا لاندې جګړه.
A heavy silence filled the land, deep and unnatural.
یوه درنه چوپتیا ځمکه ډکه کړه، ژوره او غیر طبیعي.
No wind stirred, no leaf moved, no sound broke the stillness.
نه باد حرکت وکړ، نه پاڼه خوځېده، نه غږ خاموشي ماته کړه.
The dogs' breaths rose like smoke in the frozen, quiet air.
د سپو ساه په یخ او ارامه هوا کې د لوګي په څیر پورته شوه.
The rabbit was long forgotten by the pack of wild beasts.
د وحشي ځناورو ډلې له ډېرې مودې راهیسې خرګوش هېر کړی و.
These half-tamed wolves now stood still in a wide circle.
دا نیمه پالل شوي لیوان اوس په یوه پراخه دایره کې ولاړ وو.

They were quiet, only their glowing eyes revealed their hunger.

دوی غلي وو، يوازې د دوی ځليدونکي سترګې د دوی لوږه ښکاره کوله.

Their breath drifted upward, watching the final fight begin.

د دوی ساه پورته پورته شوه، د وروستۍ جګړې پیل لیدل.

To Buck, this battle was old and expected, not strange at all.

د باک لپاره، دا جګړه پخوانۍ او تمه کیده، هیڅ عجیبه نه وه.

It felt like a memory of something always meant to happen.

دا د یو څه په یاد کې احساس کاوه چې تل باید پیښ شي.

Spitz was a trained fighting dog, honed by countless wild brawls.

سپیټز یو روزل شوی جنګیالی سپی و، چې د بې شمیره وحشي جګړو لخوا روزل شوی و.

From Spitzbergen to Canada, he had mastered many foes.

له سپیټزبرګن څخه تر کاناډا پورې، هغه ډیری دښمنان مات کړي وو.

He was filled with fury, but never gave control to rage.

هغه له غوسې ډک و، خو هیڅکله یې خپل غوسه کنټرول نه کړه.

His passion was sharp, but always tempered by hard instinct.

د هغه لیوالتیا تیزه وه، مګر تل د سخت غریزې له امله نرمه وه.

He never attacked until his own defense was in place.

هغه هیڅکله برید نه کاوه تر هغه چې د هغه خپل دفاع په ځای کې نه وه.

Buck tried again and again to reach Spitz's vulnerable neck.

باک بیا بیا هڅه وکړه چې د سپیټز زیان منونکې غاړې ته ورسیږي.

But every strike was met by a slash from Spitz's sharp teeth.

خو هر ګوزار د سپیټز د تېزو غاښونو له وهلو سره مخامخ شو.

Their fangs clashed, and both dogs bled from torn lips.

د دوی غاښونه سره ټکر شول، او د دواړو سپو له شونډو څخه وینې بهیدلې.

No matter how Buck lunged, he couldn't break the defense.

هر څومره چې باک ګوزار وکړ، هغه دفاع نه شوه ماتولی.

He grew more furious, rushing in with wild bursts of power.

هغه نور هم په غوسه شو، د وحشي ځواک په ډزو سره یې منډه کړه.

Again and again, Buck struck for the white throat of Spitz.

بیا بیا، بک د سپیټز سپینې غاړې ته ګوزار ورکړ.

Each time Spitz evaded and struck back with a slicing bite.

هر ځل چې سپیتز وتښتېد او په یوه توټه توټه یې ځواب ورکړ.
Then Buck shifted tactics, rushing as if for the throat again.
بیا باک خپلې تاکتیکونه بدل کړل، لکه څنګه چې بیا د ستوني لپاره منډه کړه.
But he pulled back mid-attack, turning to strike from the side.
خو هغه د برید په نیمایي کې بیرته وګرځید، او له اړخ څخه یې برید ته مخه کړه.
He threw his shoulder into Spitz, aiming to knock him down.
هغه خپل اوږه په سپیتز کې وغورځاوه، هدف یې دا و چې هغه وغورځوي.
Each time he tried, Spitz dodged and countered with a slash.
هر ځل چې هغه هڅه کوله، سپیتز له ځانه ډډه کوله او په یوه ضربه سره یې ځواب ورکاوه.
Buck's shoulder grew raw as Spitz leapt clear after every hit.
د بک اوږه خامه شوه ځکه چې سپیتز د هر ضربې وروسته پاک توپ وواهه.
Spitz had not been touched, while Buck bled from many wounds.
سپیتز ته لاس نه و ورکړل شوی، پداسې حال کې چې بک د ډیرو ټپونو څخه وینه بهیدله.
Buck's breath came fast and heavy, his body slick with blood.
د باک ساه ګړندۍ او درنه شوه، بدن یې په وینو لړلی و.
The fight turned more brutal with each bite and charge.
د هرې چیچلو او برید سره جګړه نوره هم ظالمانه شوه.
Around them, sixty silent dogs waited for the first to fall.
شاوخوا یې شپیته خاموش سپي د لومړي غورځېدو انتظار کاوه.
If one dog dropped, the pack were going to finish the fight.
که چیرې یو سپی هم وغورځیږي، نو ډله به جګړه پای ته ورسوي.
Spitz saw Buck weakening, and began to press the attack.
سپیتز ولیدل چې باک کمزوری شوی دی، او برید یې پیل کړ.
He kept Buck off balance, forcing him to fight for footing.
هغه بک د توازن څخه لرې وساته، او هغه یې اړ کړ چې د پښو لپاره مبارزه وکړي.

Once Buck stumbled and fell, and all the dogs rose up.
يو ځل چې بک ټکر وکړ او ولوېد، او ټول سپي پورته شول.
But Buck righted himself mid-fall, and everyone sank back down.
خو بک د منځ په نیمایي کې ځان سم کړ، او ټول بیرته ډوب شول.
Buck had something rare—imagination born from deep instinct.
باک یو څه نادر درلود - تخیل چې له ژورې غریزې څخه زیږیدلی و.
He fought by natural drive, but he also fought with cunning.
هغه په طبیعي ډول جګړه وکړه، خو په هوښیارۍ سره هم جګړه وکړه.
He charged again as if repeating his shoulder attack trick.
هغه بیا داسې برید وکړ لکه څنګه چې د اوږې د برید چل تکراروي.
But at the last second, he dropped low and swept beneath Spitz.
خو په وروستۍ ثانیه کې، هغه ښکته ولوېد او د سپیټز لاندې یې تیر کړ.
His teeth locked on Spitz's front left leg with a snap.
د هغه غاښونه د سپټز په مخکینۍ چپه پښه باندې په یوه ټک وهلو سره ولګېدل.
Spitz now stood unsteady, his weight on only three legs.
سپیټز اوس بې ثباته ولاړ و، د هغه وزن یوازې په دریو پښو و.
Buck struck again, tried three times to bring him down.
باک بیا ګوزار وکړ، درې ځله یې هڅه وکړه چې هغه ښکته کړي.
On the fourth attempt he used the same move with success
په څلورمه هڅه کې هغه ورته حرکت په بریالیتوب سره وکاراوه
This time Buck managed to bite the right leg of Spitz.
دا ځل باک وکولای شول چې د سپیټز ښي پښه وخوري.
Spitz, though crippled and in agony, kept struggling to survive.
سپیټز، که څه هم معیوب او په درد کې و، د ژوندي پاتې کیدو لپاره یې مبارزه کوله.
He saw the circle of huskies tighten, tongues out, eyes glowing.
هغه ولیدل چې د هسکیانو حلقه سخته شوې، ژبې یې راوتلې، سترګې یې ځلیدلې.
They waited to devour him, just as they had done to others.
دوی د هغه د خوړلو انتظار کاوه، لکه څنګه چې یې نورو سره کړي وو.
This time, he stood in the center; defeated and doomed.

دا ځل، هغه په مرکز کې ولاړ و؛ ماتې وخوړه او برباد شو.
There was no option to escape for the white dog now.
اوس د سپين سپي لپاره د تيښتې بله لاره نه وه.
Buck showed no mercy, for mercy did not belong in the wild.
باک هيڅ رحم ونه کړ، ځکه چې رحم په ځنګل کې نه و.
Buck moved carefully, setting up for the final charge.
باک په احتياط سره حرکت وکړ، د وروستي چارج لپاره يې چمتووالی ونيو.
The circle of huskies closed in; he felt their warm breaths.
د هسکي دايره نږدې شوه؛ هغه د دوی ګرمې ساه احساس کړه.
They crouched low, prepared to spring when the moment came.
دوی په ټيټ سر وخوځېدل، د پسرلي لپاره چمتو وو کله چې وخت راشي.
Spitz quivered in the snow, snarling and shifting his stance.
سپيټز په واوره کې لړزېده، چيغې يې وهلې او خپل دريځ يې بدلاوه.
His eyes glared, lips curled, teeth flashing in desperate threat.
سترګې يې ځلېدلې، شونډې يې تاو شوې، غاښونه يې په نا اميده ګواښ کې ځلېدل.
He staggered, still trying to hold off the cold bite of death.
هغه ټکان وخوړ، او لا هم هڅه يې کوله چې د مرګ سړه خوله وساتي.
He had seen this before, but always from the winning side.
هغه دا مخکې هم ليدلی و، خو تل د ګټونکي لوري څخه.
Now he was on the losing side; the defeated; the prey; death.
اوس هغه په بايلونکي لوري وو؛ ماتې خوړلی؛ ښکار؛ مرګ.
Buck circled for the final blow, the ring of dogs pressed closer.
باک د وروستي ګوزار لپاره چکر وواهه، د سپيو حلقه نږدې شوه.
He could feel their hot breaths; ready for the kill.
هغه د دوی ګرمې ساه احساس کولی شو؛ د وژنې لپاره چمتو دي.
A stillness fell; all was in its place; time had stopped.
يو خاموشي راغله؛ هر څه په خپل ځای وو؛ وخت ودرېد.
Even the cold air between them froze for one last moment.
حتی د دوی ترمنځ سړه هوا د يوې وروستۍ شېبې لپاره کنګل شوه.
Only Spitz moved, trying to hold off his bitter end.

يوازې سپيتز حرکت وکړ، هغه يې کوله چې خپل تريخ پای وساتي.
The circle of dogs was closing in around him, as was his destiny.
د سپيانو دايره د هغه شاوخوا را نږدې کېده، لکه څنګه چې د هغه برخليک هم و.
He was desperate now, knowing what was about to happen.
هغه اوس ډېر نا اميد و، پوهيده چې څه به پيښ شي.
Buck sprang in, shoulder met shoulder one last time.
باک په منډه راغی، اوږه يې وروستی ځل سره وليدل.
The dogs surged forward, covering Spitz in the snowy dark.
سپي مخ په وړاندې روان شول، په واوره تياره کې يې سپيتز پوښلی و.
Buck watched, standing tall; the victor in a savage world.
باک په لوړ غږ ولاړ و، په يوه وحشي نړۍ کې ګټونکی و.
The dominant primordial beast had made its kill, and it was good.
غالب لومړني حيوان خپل وژلی وو، او دا ښه وو.

He, Who Has Won to Mastership
هغه څوک چې د ماسټری مقام يې ګټلی دی

"Eh? What did I say? I speak true when I say Buck is a devil."

هو؟ ما څه وويل؟ زه ربښتيا وايم کله چې زه وايم چې بک شيطان دی"-"

François said this the next morning after finding Spitz missing.

فرانسوا دا خبره بله ورځ سهار د سپيټز د ورکېدو وروسته وکړه.

Buck stood there, covered with wounds from the vicious fight.

باک هلته ولاړ و، د ظالمانه جګړې له ټپونو پوښل شوی و.

François pulled Buck near the fire and pointed at the injuries.

فرانسوا باک د اور سره نږدې کش کړ او ټپونو ته يې اشاره وکړه.

"That Spitz fought like the Devik," said Perrault, eyeing the deep gashes.

هغه سپيټز د ديويک په څير جګړه وکړه، "پيرولټ وويل، ژورو ټپونو " ته يې سترګې نيولې.

"And that Buck fought like two devils," François replied at once.

او هغه بک د دوو شيطانانو په څير جګړه کوله، "فرانسوا سمدلاسه " ځواب ورکړ.

"Now we will make good time; no more Spitz, no more trouble."

اوس به ښه وخت تېر کړو؛ نور نه سپيټز، نور نه کومه ستونزه"-"

Perrault was packing the gear and loaded the sled with care.

پيرولټ سامانونه بسته کول او سليج يې په ډېر احتياط سره بار کاوه.

François harnessed the dogs in preparation for the day's run.

فرانسوا د ورځې د منډې لپاره د چمتووالي لپاره سپي په کار واچول.

Buck trotted straight to the lead position once held by Spitz.

بک په مستقيم ډول د مخکښ مقام ته ورسيد چې يو وخت د سپيټز لخوا نيول شوی و.

But François, not noticing, led Solleks forward to the front.

خو فرانسوا، پرته له دې چې پام وکړي، سوليکس يې مخې ته بوتلو.

In François's judgment, Solleks was now the best lead-dog.

د فرانسوا په نظر، سوليکس اوس غوره مشر و.

Buck sprang at Solleks in fury and drove him back in protest.

باک په غوسه سولیکس باندې ټوپ وواهه او په اعتراض کې یې هغه بیرته وشړلو.

He stood where Spitz once had stood, claiming the lead position.

هغه هلته ولاړ و چې سپیتز یو وخت ولاړ و، او د مشر مقام یې ادعا کوله.

"Eh? Eh?" cried François, slapping his thighs in amusement.

ایه؟ ایه؟ "فرانسوا چیغه کړه، په تفریح کې یې خپلې رانونه وهل".

"Look at Buck—he killed Spitz, now he wants to take the job!"

بک ته وګوره - هغه سپیتز وواژه، اوس هغه غواړي دنده واخلي"."

"Go away, Chook!" he shouted, trying to drive Buck away.

لاړ شه، چوک".هغه چیغه کړه، هڅه یې کوله چې بک لرې کړي ".

But Buck refused to move and stood firm in the snow.

خو باک له حرکت کولو ډډه وکړه او په واوره کې ټینګ ودرېد.

François grabbed Buck by the scruff, dragging him aside.

فرانسوا باک د لاس څخه ونیوه او یوې خوا ته یې کش کړ.

Buck growled low and threateningly but did not attack.

باک په ټیټ او ګواښونکي ډول وخندل خو برید یې ونه کړ.

François put Solleks back in the lead, trying to settle the dispute

فرانسوا سولیکس بیرته مخکښ کړ، هڅه یې وکړه چې شخړه حل کړي

The old dog showed fear of Buck and didn't want to stay.

زوړ سپی له باک څخه وېرېده او نه یې غوښتل چې پاتې شي.

When François turned his back, Buck drove Solleks out again.

کله چې فرانسوا شا واړوله، بک سولیکس بیا بهر وشړل.

Solleks did not resist and quietly stepped aside once more.

سولیکس مقاومت ونه کړ او یو ځل بیا په خاموشۍ سره یوې خوا ته لاړ.

François grew angry and shouted, "By God, I fix you!"

فرانسوا په غوسه شو او چیغه یې کړه، "په خدای قسم، زه دې سموم."

He came toward Buck holding a heavy club in his hand.

هغه د باک په لور راغی چې په لاس کې یې یو درونډ ډنډ نیولی و.

Buck remembered the man in the red sweater well.

باک هغه سړی په سور سویټر کې ښه یاد کړ.

He retreated slowly, watching François, but growling deeply.

هغه ورو ورو شاته شو، فرانسوا ته یې کتل، خو په ژوره توګه یې ژړل.

He did not rush back, even when Solleks stood in his place.

هغه په بیړه بېرته ونه ګرځېد، حتی کله چې سولیکس د هغه پر ځای ولاړ و.

Buck circled just beyond reach, snarling in fury and protest.

باک د لاسرسي څخه هاخوا چکر وواهه، په غوسه او اعتراض کې یې چیغې وهلې.

He kept his eyes on the club, ready to dodge if François threw.

هغه خپلې سترګې په کلب کې ساتلې وې، چمتو و چې که فرانسوا وغورځوي نو ځان ترې وژغوري.

He had grown wise and wary in the ways of men with weapons.

هغه د وسلو لرونکو سړو په لارو چارو کې هوښیار او محتاط شوی و.

François gave up and called Buck to his former place again.

فرانسوا تسلیم شو او بک یې بیا خپل پخواني ځای ته راوغوښت.

But Buck stepped back cautiously, refusing to obey the order.

خو بک په احتیاط سره شاته ولاړ، د امر له منلو یې ډډه وکړه.

François followed, but Buck only retreated a few steps more.

فرانسوا ورپسې لاړ، خو بک یوازې څو قدمه نور شاته شو.

After some time, François threw the weapon down in frustration.

یو څه وخت وروسته، فرانسوا په نا امیدۍ کې وسله وغورځوله.

He thought Buck feared a beating and was going to come quietly.

هغه فکر کاوه چې بک د وهلو څخه وېرېږي او په خاموشۍ سره به راشي.

But Buck wasn't avoiding punishment—he was fighting for rank.

خو بک د سزا څخه ډډه نه کوله - هغه د رتبې لپاره مبارزه کوله.

He had earned the lead-dog spot through a fight to the death

هغه د مرګ تر جګړې پورې د مخکښ سپي مقام ترلاسه کړ.

he was not going to settle for anything less than being the leader.

هغه به د مشر کېدو پرته په بل څه راضي نه شو.

Perrault took a hand in the chase to help catch the rebellious Buck.

پیرولټ د سرکش بک په نیولو کې د مرستې لپاره په تعقیب کې لاس واخیست.

Together, they ran him around the camp for nearly an hour.

په ګډه، دوی هغه د کمپ شاوخوا شاوخوا یو ساعت ګرځاوه.

They hurled clubs at him, but Buck dodged each one skillfully.

دوی په هغه باندې ډنډې ووهلې، خو بک په مهارت سره له هر یو څخه ځان خلاص کړ.

They cursed him, his ancestors, his descendants, and every hair on him.

هغوی په هغه، د هغه په نیکونو، د هغه په اولادې او د هغه په بدن باندې په ټولو وېښتانو لعنت ووایه.

But Buck only snarled back and stayed just out of their reach.

خو باک یوازې شاته وخوځېد او د دوی له لاسرسي څخه لرې پاتې شو.

He never tried to run away but circled the camp deliberately.

هغه هیڅکله د تېښتې هڅه ونه کړه بلکې په قصدي ډول یې د کمپ شاوخوا ګرځېده.

He made it clear he was going to obey once they gave him what he wanted.

هغه دا روښانه کړه چې هغه به هغه وخت اطاعت وکړي کله چې دوی هغه ته هغه څه ورکړي چې هغه یې غواړي.

François finally sat down and scratched his head in frustration.

فرانسوا بالاخره کېناست او په نا امیدۍ یې خپل سر وخوځاوه.

Perrault checked his watch, swore, and muttered about lost time.

پیرولټ خپل ساعت وکتل، قسم یې وکړ او د ورک شوي وخت په اړه یې وغږېد.

An hour had already passed when they should have been on the trail.

یو ساعت لا دمخه تېر شوی و کله چې دوی باید په لاره کې وای.

François shrugged sheepishly at the courier, who sighed in defeat.

فرانسوا په شرم سره د پیغام رسونکي په لور اوږې پورته کړې، چا چې د ماتې ساه واخیسته.

Then François walked to Solleks and called out to Buck once more.

بیا فرانسوا سولیکس ته لاړ او یو ځل بیا یې بک ته غږ وکړ.

Buck laughed like a dog laughs, but kept his cautious distance.

باک داسي وخندل لکه سپی چې خاندي، خو خپل محتاط واټن یې وساته.

François removed Solleks's harness and returned him to his spot.

فرانسوا د سولیکس زنګ لرې کړ او بیرته یې خپل ځای ته راوست.

The sled team stood fully harnessed, with only one spot unfilled.

د سلیج تیم په بشپړه توګه سمبال و، یوازې یو ځای خالي و.

The lead position remained empty, clearly meant for Buck alone.

د مشر مقام خالي پاتې شو، په څرګنده توګه یوازې د بک لپاره و.

François called again, and again Buck laughed and held his ground.

فرانسوا بیا زنګ وواهه، او بیا باک وخندل او په خپله خبره ولاړ و.

"Throw down the club," Perrault ordered without hesitation.

کلب وغورځوئ، "پیرولټ پرته له ځنده امر وکړ".

François obeyed, and Buck immediately trotted forward proudly.

فرانسوا اطاعت وکړ، او بک سمدلاسه په ویاړ سره مخ په وړاندې لاړ.

He laughed triumphantly and stepped into the lead position.

هغه په بریالیتوب سره وخندل او د مشر مقام ته یې قدم کیښود.

François secured his traces, and the sled was broken loose.

فرانسوا خپل نښې خوندي کړې، او سلیج مات شو.

Both men ran alongside as the team raced onto the river trail.

دواړه سړي یوځای منده کړه کله چې تیم د سیند په لاره منده کړه.

François had thought highly of Buck's "two devils,"

،فرانسوا د باک "دوه شیطانانو "په اړه ډیر فکر کاوه

but he soon realized he had actually underestimated the dog.

خو ډیر ژر پوه شو چې هغه په حقیقت کې سپي ته کم ارزښت ورکړی و.

Buck quickly assumed leadership and performed with excellence.
باک په چټکۍ سره مشري په غاړه واخیسته او په غوره توګه یې فعالیت وکړ.
In judgment, quick thinking, and fast action, Buck surpassed Spitz.
په قضاوت، چټک فکر او چټک عمل کې، بک له سپیتز څخه مخکې شو.
François had never seen a dog equal to what Buck now displayed.
فرانسوا هیڅکله د هغه سپي سره مساوي نه و لیدلی چې بک اوس یې ښیي.
But Buck truly excelled in enforcing order and commanding respect.
خو بک په ریښتیا سره د نظم په پلي کولو او د درناوي په راوستلو کې غوره و.
Dave and Solleks accepted the change without concern or protest.
ډیو او سولیکس پرته له کومې اندیښنې یا اعتراض څخه بدلون ومانه.
They focused only on work and pulling hard in the reins.
دوی یوازې په کار او په سختۍ سره د واک په ترلاسه کولو تمرکز کاوه.
They cared little who led, so long as the sled kept moving.
دوی د دې پروا نه کوله چې څوک رهبري کوي، تر هغه چې سلیج حرکت کاوه.
Billee, the cheerful one, could have led for all they cared.
بیلي، خوشحاله، د ټولو هغو کسانو لپاره چې دوی یې پروا درلوده، رهبري کولی شوای.
What mattered to them was peace and order in the ranks.
هغه څه چې دوی ته مهم وو هغه په لیکو کې سوله او نظم و.

The rest of the team had grown unruly during Spitz's decline.
د سپیتز د زوال په جریان کې د ټیم پاتې برخه بې نظمه شوې وه.
They were shocked when Buck immediately brought them to order.
کله چې باک سمدلاسه دوی امر ته راوړل نو دوی حیران شول.
Pike had always been lazy and dragging his feet behind Buck.

پایک تل سست وو او د باک تر شا به یې پښې کشولې.
But now was sharply disciplined by the new leadership.
خو اوس د نوي مشرتابه لخوا په کلکه ډسپلین شوی و.
And he quickly learned to pull his weight in the team.
او هغه په چټکۍ سره په ټیم کې د خپل وزن پورته کول زده کړل.
By the end of the day, Pike worked harder than ever before.
د ورځې په پای کې، پایک د پخوا په پرتله ډیر سخت کار وکړ.
That night in camp, Joe, the sour dog, was finally subdued.
په کمپ کې هغه شپه، جو، تروه سپی، بالاخره قابو شو.
Spitz had failed to discipline him, but Buck did not fail.
سپیتز د هغه په نظم کې پاتې راغلی و، خو بک ناکام نه شو.
Using his greater weight, Buck overwhelmed Joe in seconds.
د خپل زیات وزن په کارولو سره، بک په څو ثانیو کې جو ته ماتې ورکړه.
He bit and battered Joe until he whimpered and ceased resisting.
هغه جو تر هغه وخته پورې چې هغه چیغې وهلې او مقاومت یې بس کړ، وډار کړ.
The whole team improved from that moment on.
له هغې شیبې څخه ټوله لوبډله ښه شوه.
The dogs regained their old unity and discipline.
سپو خپل زوړ یووالي او نظم بیرته ترلاسه کړ.
At Rink Rapids, two new native huskies, Teek and Koona, joined.
په رینک ریپډز کې، دوه نوي اصلي هسکي، ټیک او کونا، سره یوځای شول.
Buck's swift training of them astonished even François.
د باک چټکې روزنې حتی فرانسوا حیرانه کړه.
"Never was there such a dog as that Buck!" he cried in amazement.
هیڅکله د دې بک په څیر سپی نه و". هغه په حیرانتیا سره چیغه کړه ".
"No, never! He's worth one thousand dollars, by God!"
نه، هیڅکله نه". هغه د زرو ډالرو ارزښت لري، په خدای قسم ."
"Eh? What do you say, Perrault?" he asked with pride.
هو؟ ته څه وایې، پیرولټ؟ "هغه په ویاړ سره وپوښتل".
Perrault nodded in agreement and checked his notes.

پیرولټ په موافقه کې سر وخوځاوه او خپل یادښتونه یې وکتل.
We're already ahead of schedule and gaining more each day.
موږ لا دمخه له مهالویش څخه مخکې یو او هره ورځ ډیر څه ترلاسه کوو.
The trail was hard-packed and smooth, with no fresh snow.
لاره سخته او اسانه وه، تازه واوره نه وه.
The cold was steady, hovering at fifty below zero throughout.
سړه هوا ثابته وه، په ټوله کې د صفر څخه پنځوس ښکته وه.
The men rode and ran in turns to keep warm and make time.
سړي په وار وار موټر چلاوه او منده یې کوله ترڅو ګرم پاتې شي او وخت پیدا کړي.
The dogs ran fast with few stops, always pushing forward.
سپي په څو تمځایونو سره ګړندي منده وهله، تل به مخ په وړاندې تلل.
The Thirty Mile River was mostly frozen and easy to travel across.
د دېرش میل سیند تر ډېره کنګل شوی و او د تګ راتګ لپاره اسانه و.
They went out in one day what had taken ten days coming in.
دوی په یوه ورځ کې ووتل چې لس ورځې یې دننه راتلل.
They made a sixty-mile dash from Lake Le Barge to White Horse.
دوی د جهیل لي بارج څخه تر وایټ هارس پورې شپیته میله منده وکړه.
Across Marsh, Tagish, and Bennett Lakes they moved incredibly fast.
د مارش، تاګیش او بینټ لیکس په اوږدو کې دوی په حیرانونکي ډول ګړندي حرکت وکړ.
The running man towed behind the sled on a rope.
منده وهونکی سړی د سلیج شاته په رسۍ باندې وخوت.
On the last night of week two they got to their destination.
د دوهمې اونۍ په وروستۍ شپه دوی خپل منزل ته ورسېدل.
They had reached the top of White Pass together.
دوی یوځای د وایټ پاس سر ته رسیدلي وو.
They dropped down to sea level with Skaguay's lights below them.

دوی د سمندر سطحې ته راښکته شول چې د سکاګوای ځراغونه یې لاندې وو.
It had been a record-setting run across miles of cold wilderness.
دا د سړې دښتې په اوږدو کې د میلونو په اوږدو کې د ریکارډ جوړولو منډه وه.
For fourteen days straight, they averaged a strong forty miles.
د څوارلسو ورځو لپاره، دوی په اوسط ډول څلوېښت میله واټن وواهه.
In Skaguay, Perrault and François moved cargo through town.
په سکاګوای کې، پیرولټ او فرانسوا د ښار له لارې کارګو لېږدول.
They were cheered and offered many drinks by admiring crowds.
د خلکو د ستاینې له امله دوی خوشحاله شول او ډېر څښاکونه یې وراندې کړل.
Dog-busters and workers gathered around the famous dog team.
د سپو ماتونکي او کارګران د مشهور سپي ټیم شاوخوا راټول شول.
Then western outlaws came to town and met violent defeat.
بیا لویدیځ غله ښار ته راغلل او له سختې ماتې سره مخ شول.
The people soon forgot the team and focused on new drama.
خلکو ډېر ژر ټیم هېر کړ او په نوې ډرامه یې تمرکز وکړ.
Then came the new orders that changed everything at once.
بیا نوي امرونه راغلل چې هرڅه یې په یو وخت کې بدل کړل.
François called Buck to him and hugged him with tearful pride.
فرانسوا باک راوغوښت او په ژړغوني ویاړ یې غېږ کې ونیو.
That moment was the last time Buck ever saw François again.
هغه شیبه وروستی ځل وه چې بک فرانسوا بیا ولیده.
Like many men before, both François and Perrault were gone.
د ډېرو پخوانیو سړیو په څېر، فرانسوا او پیرولټ دواړه لاړل.
A Scotch half-breed took charge of Buck and his sled dog teammates.

د سکاټلینډ نیم نسل د باک او د هغه د سلیج سپي د ټیم ملګرو مسؤلیت په غاړه واخیست.
With a dozen other dog teams, they returned along the trail to Dawson.
د سپو د لسګونو نورو ډلو سره، دوی د لارې په اوږدو کې ډاوسن ته راستانه شول.
It was no fast run now—just heavy toil with a heavy load each day.
اوس چټکه منډه نه وه - یوازې هره ورځ درووند بار سره درووند کار.
This was the mail train, bringing word to gold hunters near the Pole.
دا د پوستې اورګاډی و، چې قطب ته نږدې د سرو زرو ښکاریانو ته یې خبر ورکاوه.
Buck disliked the work but bore it well, taking pride in his effort.
باک دا کار نه خوښاوه خو ښه یې زغملی و، او په خپلې هڅې یې ویاړ کاوه.
Like Dave and Solleks, Buck showed devotion to every daily task.
د ډیو او سولیکس په څیر، بک د هرې ورځنۍ دندې لپاره وقف وښود.
He made sure his teammates each pulled their fair weight.
هغه ډاډ ترلاسه کړ چې د هغه هر یو ټیم ملګري خپل مناسب وزن پورته کړي.
Trail life became dull, repeated with the precision of a machine.
د لارې ژوند بې خونده شو، د ماشین په دقت سره تکرار شو.
Each day felt the same, one morning blending into the next.
هره ورځ یو شان احساس شوه، یوه سهار له بلې سره ګډېده.
At the same hour, the cooks rose to build fires and prepare food.
په همدې ساعت کې، پخلی کوونکي پورته شول ترڅو اوروونه بل کړي او خواړه چمتو کړي.
After breakfast, some left camp while others harnessed the dogs.
د ناشتې وروسته، ځینې یې له کمپ څخه ووتل پداسې حال کې چې نورو سپي په کار واچول.

They hit the trail before the dim warning of dawn touched the sky.

دوی مخکې له دې چې د سهار تیاره خبرداری اسمان ته ورسیږي، په لاره ووتل.

At night, they stopped to make camp, each man with a set duty.

د شپې، دوی د کمپ جوړولو لپاره ودرېدل، هر یو سړی د یوې ټاکلې دندې سره.

Some pitched the tents, others cut firewood and gathered pine boughs.

ځینو خیمې ودرولې، نورو یې لرګي پرې کړل او د صنوبر ونې یې راټولې کړې.

Water or ice was carried back to the cooks for the evening meal.

د ماښام د ډوډۍ لپاره اوبه یا یخ بیرته پخلي کونکو ته وړل کیده.

The dogs were fed, and this was the best part of the day for them.

سپو ته خواړه ورکړل شول، او دا د دوی لپاره د ورځې غوره برخه وه.

After eating fish, the dogs relaxed and lounged near the fire.

د کب له خوړلو وروسته، سپي آرام شول او اور ته نږدې کېناستل.

There were a hundred other dogs in the convoy to mingle with.

په کاروان کې سل نور سپي هم وو چې ورسره ګډ شي.

Many of those dogs were fierce and quick to fight without warning.

ډیری هغه سپي سخت وو او پرته له خبرتیا ځغه یې جګړه کوله.

But after three wins, Buck mastered even the fiercest fighters.

خو د دریو بریاوو وروسته، بک حتی تر ټولو سختو جنګیالیو باندې هم مهارت ترلاسه کړ.

Now when Buck growled and showed his teeth, they stepped aside.

اوس کله چې باک ژړل او خپل غاښونه یې وښودل، دوی یوې خوا ته شول.

Perhaps best of all, Buck loved lying near the flickering campfire.

شاید تر ټولو غوره دا وه چې باک د ځلیدونکي اور ته نږدې پروت و.

He crouched with hind legs tucked and front legs stretched ahead.

هغه په داسې حال کې چې شاته پښې یې ترلې وې او مخکینۍ پښې یې مخ په وړاندې غځولې وې، کوږ شو.

His head was raised as he blinked softly at the glowing flames.

د هغه سر پورته شو کله چې هغه د ځلیدونکو اورونو په وړاندې په نرمۍ سره سترګې پټې کړې.

Sometimes he recalled Judge Miller's big house in Santa Clara.

کله ناکله به یې په سانتا کلارا کې د قاضي میلر لوی کور را یاد کړ.

He thought of the cement pool, of Ysabel, and the pug called Toots.

هغه د سمنټو د حوض، د یسابیل، او د ټوټس په نوم د پګ په اړه فکر وکړ.

But more often he remembered the man with the red sweater's club.

خو ډېر ځله به یې هغه سړی یاداوه چې سور سویټر یې اغوستی و.

He remembered Curly's death and his fierce battle with Spitz.

هغه د کورلي مړینه او د سپیټز سره د هغه سخته جګړه په یاد درلوده.

He also recalled the good food he had eaten or still dreamed of.

هغه هغه ښه خواړه هم را په یاد کړل چې هغه خوړلي وو یا یې لا هم خوب لیدلی و.

Buck was not homesick—the warm valley was distant and unreal.

باک د کور یاد نه درلود —— ګرمه دره لرې او غیر واقعي وه.

Memories of California no longer held any real pull over him.

د کالیفورنیا خاطرې نور په هغه باندې هیڅ ریښتینی تاثیر نه درلود.

Stronger than memory were instincts deep in his bloodline.

غریزات یې د وینې په ژوره کې له حافظې څخه ډېر قوي وو.

Habits once lost had returned, revived by the trail and the wild.

هغه عادتونه چې یو ځل له لاسه ورکړل شوي وو بیرته راستانه شول، د لارې او ځنګل له امله بیا راژوندي شول.

As Buck watched the firelight, it sometimes became something else.

لکه څنګه چې بک د اور رڼا ته کتل، ځیني وختونه دا بل څه شو.

He saw in the firelight another fire, older and deeper than the present one.

هغه د اور په رڼا کې یو بل اور ولید، چې د اوسني اور څخه زوړ او ژور و.

Beside that other fire crouched a man unlike the half-breed cook.

د هغي څنګ ته بل اور یو سړی ودراوه چې د نیم نسل پخلی کوونکي په څیر نه و.

This figure had short legs, long arms, and hard, knotted muscles.

دا څېره لندې پښې، اوږدې لاسونه، او کلک، غوټې لرونکي عضلات درلودل.

His hair was long and matted, sloping backward from the eyes.

د هغه ویښتان اوږد او ځوړند وو، د سترګو څخه شاته ځوړند وو.

He made strange sounds and stared out in fear at the darkness.

هغه عجیب غږونه وکړل او په ویره کې تیاره ته یې وکتل.

He held a stone club low, gripped tightly in his long rough hand.

هغه د ډبرو یوه ډنډه په ټیټه نیولې وه، په خپل اوږده او ناهموار لاس کې یې ټینګه نیولې وه.

The man wore little; just a charred skin that hung down his back.

سړي لږ جامې اغوستې وې؛ یوازې یو سوځېدلی پوستکی و چې د هغه تر شا ځوړند و.

His body was covered with thick hair across arms, chest, and thighs.

د هغه بدن د لاسونو، سینه او ورنونو په اوږدو کې په ګڼو ویښتو پوښل شوی و.

Some parts of the hair were tangled into patches of rough fur.

د ویښتانو ځیني برخې د ناخاپه ویښتو په توتو کې نښتې وې.

He did not stand straight but bent forward from the hips to knees.

هغه مستقیم نه ودرېد، بلکې د کولمو څخه تر زنګونونو پورې یې مخ په وړاندې خم شو.

His steps were springy and catlike, as if always ready to leap.

د هغه ګامونه د پسرلي او پیشو په څیر وو، لکه تل د توپ وهلو لپاره چمتو وي.

There was a sharp alertness, like he lived in constant fear.

یو تیز هوښیارتیا وه، لکه څنګه چې هغه په دوامداره ویره کې ژوند کاوه.

This ancient man seemed to expect danger, whether the danger was seen or not.

دا لرغونی سړی داسې ښکارېده چې د خطر تمه لري، که خطر لیدل شوی وي یا نه.

At times the hairy man slept by the fire, head tucked between legs.

کله ناکله به ویښتان لرونکی سړی د اور په څنګ کې ویده شو، سر به یې د پښو ترمنځ و.

His elbows rested on his knees, hands clasped above his head.

د هغه څنګلې په زنګونونو کې وې، لاسونه یې د سر څخه پورته نیول شوي وو.

Like a dog he used his hairy arms to shed off the falling rain.

لکه د سپي په څېر یې خپل ویښتان لرونکي لاسونه د باران د اورېدو لپاره وکارول.

Beyond the firelight, Buck saw twin coals glowing in the dark.

د اور د رڼا هاخوا، باک په تیاره کې دوه ګونی سکرې ولیدلې چې ځلیدل.

Always two by two, they were the eyes of stalking beasts of prey.

تل به دوه دوه، دوی د ښکاری ځناورو سترګې وې.

He heard bodies crash through brush and sounds made in the night.

هغه د شپې له خوا د جسدونو د ټکر او د ځنګلونو د ټکر غږونه واورېدل.

Lying on the Yukon bank, blinking, Buck dreamed by the fire.

باک د یوکون په غاړه پروت و، سترګې یې رپولې، او د اور په خوا کې یې خوب ولید.
The sights and sounds of that wild world made his hair stand up.
د هغه وحشي نړۍ منظرو او غږونو د هغه ویښتان ودرول.
The fur rose along his back, his shoulders, and up his neck.
ویښتان یې د شا، اوږو او غاړې ته پورته شول.
He whimpered softly or gave a low growl deep in his chest.
هغه په نرمۍ سره چیغې وهلې یا یې په سینه کې ژوره ټیټه چیغه وکړه.
Then the half-breed cook shouted, “Hey, you Buck, wake up!”
بیا نیم نسل پخلي چیغه کړه، "ای، ته بک، ویښ شه."
The dream world vanished, and real life returned to Buck’s eyes.
د خوبونو نړۍ ورکه شوه، او حقیقي ژوند د باک سترګو ته راستون شو.
He was going to get up, stretch, and yawn, as if woken from a nap.
هغه به پورته کېده، لاس به یې ونیوه او اررمۍ به یې وهله، لکه له خوبه چې راویښ شوی وي.
The trip was hard, with the mail sled dragging behind them.
سفر سخت و، د پوستي سلیج د دوی تر شا راښکته کېده.
Heavy loads and tough work wore down the dogs each long day.
درانه بارونه او سخت کار هره اوږده ورځ سپي ستړي کول.
They reached Dawson thin, tired, and needing over a week’s rest.
دوی ډاوسن ته ورسېدل، نرۍ، ستړي او د یوې اونۍ څخه زیات آرام ته اړتیا درلوده.
But only two days later, they set out down the Yukon again.
خو یوازې دوه ورځې وروسته، دوی بیا د یوکون په لور روان شول.
They were loaded with more letters bound for the outside world.
دوی د بهرنۍ نړۍ لپاره د نورو لیکونو سره ډک شوي وو.
The dogs were exhausted and the men were complaining constantly.
سپي ستړي شوي وو او سړي په دوامداره توګه شکایت کاوه.

Snow fell every day, softening the trail and slowing the sleds.

هره ورځ واوره ورېده، لاره يې نرمه کړه او د سليجونو سرعت يې ورو کړ.

This made for harder pulling and more drag on the runners.

دې کار د منډه وهونکو لپاره د کشولو او ډېر کشولو لپاره سخت کړ.

Despite that, the drivers were fair and cared for their teams.

سره له دې، موټر چلوونکي عادل وو او د خپلو ټيمونو پاملرنه يې کوله.

Each night, the dogs were fed before the men got to eat.

هره شپه، مخکې له دې چې سړي وخوري، سپو ته خواړه ورکول کېدل.

No man slept before checking the feet of his own dog's.

هيڅ سړی د خپل سپي د پښو د معاينې څخه مخکې نه ويده کيده.

Still, the dogs grew weaker as the miles wore on their bodies.

خو بيا هم، سپي کمزوري شول ځکه چې مايلونه يې په بدنونو ولګېدل.

They had traveled eighteen hundred miles through the winter.

دوی په ژمي کې اتلس سوه ميله سفر کړی و.

They pulled sleds across every mile of that brutal distance.

دوی د دې ظالمانه واټن په هر ميل کې سليجونه کش کړل.

Even the toughest sled dogs feel strain after so many miles.

حتی تر ټولو سخت سليج سپي هم د ډيرو ميلونو وروسته فشار احساسوي.

Buck held on, kept his team working, and maintained discipline.

باک ټينګ ودرېد، خپل ټيم يې کار ته وسپاره، او نظم يې وساته.

But Buck was tired, just like the others on the long journey.

خو باک ستړی و، لکه د اوږد سفر نورو په څېر.

Billee whimpered and cried in his sleep each night without fail.

بيلي به هره شپه په خوب کې بې له کومې ناکامۍ چيغې وهلې او ژړل به يې.

Joe grew even more bitter, and Solleks stayed cold and distant.

جو نور هم تريخ شو، او سوليکس سړه او لرې پاتې شو.

But it was Dave who suffered the worst out of the entire team.

خو دا ډېو وو چې د ټولې لوبډلې څخه تر ټولو ډېر زيان يې وګاته.

Something had gone wrong inside him, though no one knew what.

د هغه دننه یو څه غلط شوي وو، که څه هم هیڅوک نه پوهیدل چې څه.

He became moodier and snapped at others with growing anger.

هغه ډېر غوسه شو او په زیاتېدونکي غوسه یې په نورو باندې چیغې وهلې.

Each night he went straight to his nest, waiting to be fed.

هره شپه به هغه مستقیم خپلې ځالې ته تللو، د خوړو په تمه به.

Once he was down, Dave did not get up again till morning.

کله چې هغه ښکته شو، ډېو تر سهاره بیا نه و پاڅېد.

On the reins, sudden jerks or starts made him cry out in pain.

په بام کې، ناڅاپه ټکانونه یا ټکانونه هغه د درد له امله چیغې وهلې.

His driver searched for the cause, but found no injury on him.

د هغه موټر چلوونکي د لامل په لټه کې شو، خو په هغه کې کوم ټپي ونه موند.

All the drivers began watching Dave and discussed his case.

ټولو موټر چلوونکو د ډیو لیدل پیل کړل او د هغه د قضیې په اړه یې بحث وکړ.

They talked at meals and during their final smoke of the day.

دوی د ډوډۍ پر مهال او د ورځې د وروستي سګرټ څکولو پر مهال خبرې کولې.

One night they held a meeting and brought Dave to the fire.

یوه شپه دوی یوه غونډه وکړه او ډیو یې اور ته راوست.

They pressed and probed his body, and he cried out often.

هغوی د هغه جسد فشار ورکړ او معاینه یې وکړه، او هغه ډېر ځله چیغې وهلې.

Clearly, something was wrong, though no bones seemed broken.

په ښکاره توګه، یو څه غلط وو، که څه هم هیڅ هډوکی مات شوی نه ښکاریده.

By the time they reached Cassiar Bar, Dave was falling down.

کله چې دوی کاسیر بار ته ورسېدل، ډیو غورځېدلی و.
The Scotch half-breed called a halt and removed Dave from the team.
د سکاچ نیم نسل لوبه ودروله او ډیو یې له تیم څخه لرې کړ.
He fastened Solleks in Dave's place, closest to the sled's front.
هغه سولیکس د ډیو په ځای کې، د سلیج مخې ته نږدې ودراوه.
He meant to let Dave rest and run free behind the moving sled.
هغه غوښتل چې ډیو ته اجازه ورکړي چې آرام وکړي او د حرکت کونکي سلیج شاته آزاد منډه وکړي.
But even sick, Dave hated being taken from the job he had owned.
خو حتی ناروغه، ډیو له دې څخه کرکه کوله چې له خپلې دندې څخه دې وایستل شي.
He growled and whimpered as the reins were pulled from his body.
هغه چیغه کړه او چیغه یې کړه کله چې د هغه له بدن څخه یې بامونه ایستل شول.
When he saw Solleks in his place, he cried with broken-hearted pain.
کله چې هغه سولیکس په خپل ځای ولید، نو د مات زړه درد سره یې ژړل.
The pride of trail work was deep in Dave, even as death approached.
د لارې د کار ویاړ د ډیو په زړه کې ژور و، حتی که مرګ نږدې شو.
As the sled moved, Dave floundered through soft snow near the trail.
لکه څنګه چې سلیج حرکت وکړ، ډیو د لارې سره نږدې د نرمې واورې له لارې وغورځېد.
He attacked Solleks, biting and pushing him from the sled's side.
هغه په سولیکس برید وکړ، د سلیج له اړخ څخه یې وویشت او ټېل وهل.
Dave tried to leap into the harness and reclaim his working spot.
ډیو هڅه وکړه چې په هارنس کې توپ ووهي او خپل د کار ځای بیرته ترلاسه کړي.

He yelped, whined, and cried, torn between pain and pride in labor.

هغه چیغې وهلې، چیغې وهلې او ژړل یې، د درد او د زیړون په ویاړ کې راګیر و.

The half-breed used his whip to try driving Dave away from the team.

نیم نسل خپل څټک وکاراوه ترڅو ډیو له ټیم څخه لرې کړي.

But Dave ignored the lash, and the man couldn't strike him harder.

خو ډیو د وهلو له پامه وغورځاوه، او سړی یې نور سخت ونه شو وهلی.

Dave refused the easier path behind the sled, where snow was packed.

ډیو د سلیج تر شا اسانه لاره رد کړه، چېرته چې واوره ډکه وه.

Instead, he struggled in the deep snow beside the trail, in misery.

پرځای یې، هغه د لارې تر څنګ په ژوره واوره کې په بدبختۍ کې مبارزه وکړه.

Eventually, Dave collapsed, lying in the snow and howling in pain.

بالاخره، ډیو ولوېد، په واوره کې پروت و او له درده یې چیغې وهلې.

He cried out as the long train of sleds passed him one by one.

هغه چیغه کړه کله چې د سلیجونو اوږده ریل ګاډی یو په یو له هغه څخه تیر شو.

Still, with what strength remained, he rose and stumbled after them.

بیا هم، په هغه څه سره چې پاتې وو، هغه پورته شو او د دوی وروسته یې ټکر وکړ.

He caught up when the train stopped again and found his old sled.

کله چې اورګاډی بیا ودرېد، هغه یې ونیو او خپله زوړ سلیج یې ومونډ.

He floundered past the other teams and stood beside Solleks again.

هغه د نورو تیمونو څخه مخکې شو او بیا د سولیکس تر څنګ ودرېد.

As the driver paused to light his pipe, Dave took his last chance.

کله چې موټر چلوونکي د پایپ د روښانه کولو لپاره ودرېد، ډیو خپل وروستی چانس واخیست.
When the driver returned and shouted, the team didn't move forward.
کله چې موټر چلوونکی بیرته راغی او چیغه یې کړه، تیم مخ په وړاندې لاړ نه شو.
The dogs had turned their heads, confused by the sudden stoppage.
سپیو خپل سرونه ګرځولي وو، د ناڅاپي دریدو له امله مغشوش شوي وو.
The driver was shocked too—the sled hadn't moved an inch forward.
موټر چلوونکی هم حیران شو - سلیج یو انچ هم مخ په وړاندې نه و تللی.
He called out to the others to come and see what had happened.
هغه نورو ته غږ وکړ چې راشي او وګوري چې څه پېښ شوي دي.
Dave had chewed through Solleks's reins, breaking both apart.
ډیو د سولیکس باندونه ژوولي وو، او دواړه یې سره جلا کړي وو.
Now he stood in front of the sled, back in his rightful position.
اوس هغه د سلیج مخې ته ولاړ و، بیرته په خپل سم موقعیت کې.
Dave looked up at the driver, silently pleading to stay in the traces.
ډیو موټر چلوونکي ته وکتل، په خاموشۍ سره یې وغوښتل چې په لارو کې پاتې شي.
The driver was puzzled, unsure of what to do for the struggling dog.
موټر چلوونکی حیران و، نه پوهیده چې د دې مبارزه کوونکي سپي لپاره څه وکړي.
The other men spoke of dogs who had died from being taken out.
نورو سړیو د هغو سپو په اړه خبرې وکړې چې د ایستلو له امله مړه شوي وو.
They told of old or injured dogs whose hearts broke when left behind.
دوی د هغو زړو یا ټپي شویو سپیو په اړه وویل چې زړونه یې د پرېښودو پر مهال ماتېدل.

They agreed it was mercy to let Dave die while still in his harness.

دوی موافقه وکړه چې دا رحم و چې ډیو ته اجازه ورکړل شي چې په خپل زنجیر کې مړ شي.

He was fastened back onto the sled, and Dave pulled with pride.

هغه بیرته په سلیج باندې وتړل شو، او ډیو په ویاړ سره کش کړ.

Though he cried out at times, he worked as if pain could be ignored.

که څه هم هغه کله ناکله چیغې وهلې، خو داسې یې کار کاوه لکه درد چې له پامه غورځول شي.

More than once he fell and was dragged before rising again.

څو ځله هغه ولوېد او بیا پورته کېدو دمخه یې کش کړ.

Once, the sled rolled over him, and he limped from that moment on.

یو ځل، سلیج پر هغه وګرځېد، او له هغې شیبې څخه وروسته هغه په ګوډ ګوډ شو.

Still, he worked until camp was reached, and then lay by the fire.

بیا هم، هغه تر هغه وخته پورې کار کاوه چې کمپ ته ورسېد، او بیا د اور په غاړه پروت و.

By morning, Dave was too weak to travel or even stand upright.

سهار پورې، ډېو ډېر کمزوری و چې سفر یې نه شو کولای یا حتی مستقیم ودرېدای هم نه شوای.

At harness-up time, he tried to reach his driver with trembling effort.

د زنګ وهلو په وخت کې، هغه هڅه وکړه چې په لړزونکې هڅې سره خپل موټر چلوونکي ته ورسیږي.

He forced himself up, staggered, and collapsed onto the snowy ground.

هغه ځان په زور پورته کړ، ټکان یې وخوړ، او په واوره پوښلې ځمکه ولوېد.

Using his front legs, he dragged his body toward the harnessing area.

هغه د خپلو مخکینیو پښو په کارولو سره خپل بدن د زنګ وهلو ساحې ته کش کړ.
He hitched himself forward, inch by inch, toward the working dogs.
هغه ځان د کار کوونکو سپو په لور، انچ په انچ مخته وخوځاوه.
His strength gave out, but he kept moving in his last desperate push.
د هغه ځواک له منځه لاړ، خو هغه په خپل وروستي نا امیده فشار کې حرکت ته دوام ورکړ.
His teammates saw him gasping in the snow, still longing to join them.
د هغه د ټیم ملګرو هغه ولید چې په واوره کې ساه اخلي، او لا هم د دوی سره د یوځای کیدو لپاره لیواله و.
They heard him howling with sorrow as they left the camp behind.
کله چې دوی له کمپ څخه ووتل، دوی د هغه د ژړا غږ واورېد چې له غمه یې کاوه.
As the team vanished into trees, Dave's cry echoed behind them.
کله چې ټیم په ونو کې ورک شو، د ډیو چیغې د دوی تر شا غږېدلې.
The sled train halted briefly after crossing a stretch of river timber.
د سلیج ریل ګاډی د سیند د لرګیو له یوې برخې څخه د تیریدو وروسته د لنډ وخت لپاره ودرېد.
The Scotch half-breed walked slowly back toward the camp behind.
د سکاچ نیم نسل ورو ورو د کمپ شاته په لور روان شو.
The men stopped speaking when they saw him leave the sled train.
کله چې یې هغه د سلیج ریل ګاډي څخه د وتلو په حال کې ولید، نو سړیو خبرې ودرولې.
Then a single gunshot rang out clear and sharp across the trail.
بیا د لارې په اوږدو کې د ډزو یو واضح او تیز غږ راغی.
The man returned quickly and took up his place without a word.

سړی په چټکۍ سره راستون شو او پرته له کومې خبرې څخه په خپل ځای کېناست.

Whips cracked, bells jingled, and the sleds rolled on through snow.

څپې ماتې شوې، زنګونه غرېدل، او سلېجونه د واورې له لارې ګرځېدل.

But Buck knew what had happened—and so did every other dog.

خو بک پوهېده چې څه پېښ شوي دي - او همداسې نورو سپیانو هم پوهېده.

The Toil of Reins and Trail
د لګاو او لارې زحمت

Thirty days after leaving Dawson, the Salt Water Mail reached Skaguay.
د ډاوسن له وتلو دېرش ورځې وروسته، د مالګې اوبو میل سکاګوای ته ورسېد.

Buck and his teammates pulled the lead, arriving in pitiful condition.
باک او د هغه ټیم ملګرو مخکښ رول ولوباوه، او په خواشینونکي حالت کې راورسېدل.

Buck had dropped from one hundred forty to one hundred fifteen pounds.
باک له یو سل څلوېښت پونډو څخه یو سل پنځلس پونډو ته راټیټ شوی و.

The other dogs, though smaller, had lost even more body weight.
نور سپي، که څه هم کوچني وو، خو د بدن وزن یې نور هم کم شوی و.

Pike, once a fake limper, now dragged a truly injured leg behind him.
پایک، چې یو وخت جعلي ګوډ وه، اوس یې یوه رښتیا ټپي پښه شاته کش کړه.

Solleks was limping badly, and Dub had a wrenched shoulder blade.
سولیکس په سختۍ سره ګوډ ګوډ روان و، او د ډوب اوږه یې ماته شوې وه.

Every dog in the team was footsore from weeks on the frozen trail.
د ټیم هر سپی د څو اونیو راهیسې په کنګل شوې لاره کې د پښو درد کاوه.

They had no spring left in their steps, only slow, dragging motion.
د دوی په قدمونو کې هیڅ پسرلی نه و پاتې، یوازې ورو، کشونکی حرکت.

Their feet hit the trail hard, each step adding more strain to their bodies.

د دوی پښې په لاره کې سختې ولګېدې، هر ګام د دوی په بدنونو کې نور فشار اضافه کړ.
They were not sick, only drained beyond all natural recovery.
دوی ناروغه نه وو، یوازې د طبیعي رغیدو څخه بهر ستړي شوي وو.
This was not tiredness from one hard day, cured with a night's rest.
دا د یوې سختې ورځې ستړیا نه وه، چې د شپې د آرام سره روغه شوې وه.
It was exhaustion built slowly through months of grueling effort.
دا ستړیا وه چې د میاشتو سختو هڅو په پایله کې ورو ورو رامینځته شوې وه.
No reserve strength remained—they had used up every bit they had.
هیڅ ډول ریزرف ځواک پاتې نه و - دوی هر هغه څه چې درلودل یې ختم کړي وو.
Every muscle, fiber, and cell in their bodies was spent and worn.
د دوی په بدن کې هر عضلات، فایبر او حجرات مصرف شوي او خراب شوي وو.
And there was a reason—they had covered twenty-five hundred miles.
او یو دلیل وو - دوی پنځه ویشت سوه میله مزل کړی وو.
They had rested only five days during the last eighteen hundred miles.
دوی په تیرو اتلس سوه میله کې یوازې پنځه ورځې آرام کړی و.
When they reached Skaguay, they looked barely able to stand upright.
کله چې دوی سکاګوای ته ورسېدل، نو داسې ښکارېدل چې دوی په سختۍ سره د مستقیم ودریدو توان درلود.
They struggled to keep the reins tight and stay ahead of the sled.
دوی هڅه وکړه چې باګونه تینګ وساتي او د سلیج څخه مخکې پاتې شي.
On downhill slopes, they only managed to avoid being run over.

په ښکته غرونو کې، دوی یوازې وکولی شول چې د ډوبیدو څخه ځان وژغوري۔
"March on, poor sore feet," the driver said as they limped along.
موټر چلوونکي په داسې حال کې چې دوی په ګوډ ګوډ روان وو، وویل۔ لاړ شه، بېچاره پښې دې درد کوي"۔"
"This is the last stretch, then we all get one long rest, for sure."
دا وروستی مرحله ده، بیا موږ ټول یو اوږد آرام ترلاسه کوو، یقینا"۔"
"One truly long rest," he promised, watching them stagger forward.
یوه ریښتیا اوږده استراحت، "هغه ژمنه وکړه، او دوی یې مخ په وړاندې " ودرېدل۔
The drivers expected they were going to now get a long, needed break.
موټر چلوونکو تمه درلوده چې اوس به دوی ته یوه اوږده او اړینه وقفه ورکړل شي۔
They had traveled twelve hundred miles with only two days' rest.
دوی یوازې د دوو ورځو آرام سره دولس سوه میله سفر کړی و۔
By fairness and reason, they felt they had earned time to relax.
د انصاف او دلیل له مخې، دوی احساس کاوه چې دوی د آرام کولو لپاره وخت ترلاسه کړی دی۔
But too many had come to the Klondike, and too few had stayed home.
خو ډېر خلک کلونډیک ته راغلي وو، او ډېر لږ خلک په کور کې پاتې شوي وو۔
Letters from families flooded in, creating piles of delayed mail.
د کورنیو څخه لیکونه راغلل، چې د ځنډول شویو پوستونو ډېرۍ یې جوړې کړې۔
Official orders arrived—new Hudson Bay dogs were going to take over.
رسمي امرونه راغلل - د هډسن خلیج نوي سپي به ځای ونیسي۔
The exhausted dogs, now called worthless, were to be disposed of.

ستړي سپي، چې اوس بې ارزښته بلل کیږي، باید له منځه یوړل شي۔
Since money mattered more than dogs, they were going to be sold cheaply.
څرنګه چې پیسې د سپو په پرتله ډیرې مهمې وې، نو دوی به په ارزانه بیه وپلورل شي۔
Three more days passed before the dogs felt just how weak they were.
درې نورې ورځې تېرې شوې مخکې لدې چې سپي احساس وکړي چې څومره کمزوري دي۔
On the fourth morning, two men from the States bought the whole team.
په څلورم سهار، د متحده ایالاتو څخه دوو کسانو ټوله لوبډله واخیسته۔
The sale included all the dogs, plus their worn harness gear.
په خرڅلاو کې ټول سپي شامل وو، او د هغوی اغوستل شوي زنګونه هم شامل وو۔
The men called each other "Hal" and "Charles" as they completed the deal.
د معاملې د بشپړولو په وخت کې، سړیو یو بل ته "هال "او "چارلس " وویل۔
Charles was middle-aged, pale, with limp lips and fierce mustache tips.
چارلس د منځني عمر درلود، رنګ یې رنګ یې رنګه و، شونډې یې نرمې او بریتونه یې سخت وو۔
Hal was a young man, maybe nineteen, wearing a cartridge-stuffed belt.
هال یو ځوان سړی و، شاید نولس کلن و، د کارتوس ډک کمربند یې اغوستی و۔
The belt held a big revolver and a hunting knife, both unused.
په کمربند کې یو لوی تومانچه او د ښکار چاقو وه، چې دواړه نه کارول شوي وو۔
It showed how inexperienced and unfit he was for northern life.
دا ښودله چې هغه د شمالي ژوند لپاره څومره بې تجربې او نا مناسب و۔
Neither man belonged in the wild; their presence defied all reason.

هيڅ انسان په ځنګل کې نه و؛ د دوی شتون تول دلیلونه رد کړل.
Buck watched as money exchanged hands between buyer and agent.
بک د پیرودونکي او اجنټ ترمنځ د پیسو تبادله ولیدله.
He knew the mail-train drivers were leaving his life like the rest.
هغه پوهیده چې د پوستي ریل ګاډي چلوونکي د نورو په څیر د هغه ژوند پریږدي.
They followed Perrault and François, now gone beyond recall.
دوی پیرولټ او فرانسوا تعقیب کړل، چې اوس د یادولو څخه بهر دي.
Buck and the team were led to their new owners' sloppy camp.
باک او ټیم یې د خپلو نویو مالکینو بې خونده کمپ ته بوتلل شول.
The tent sagged, dishes were dirty, and everything lay in disarray.
خیمه لوېدلې وه، لوښي چټل وو، او هرڅه ګډوډ پراته وو.
Buck noticed a woman there too—Mercedes, Charles's wife and Hal's sister.
بک هلته یوه ښځه هم ولیده - مرسډیز، د چارلس میرمن او د هال خور.
They made a complete family, though far from suited to the trail.
دوی یوه بشپړه کورنۍ جوړه کړه، که څه هم د لارې سره مناسب نه وه.
Buck watched nervously as the trio started packing the supplies.
باک په ویره سره وکتل کله چې درې واړو د توکو بسته کول پیل کړل.
They worked hard but without order—just fuss and wasted effort.
دوی سخت کار وکړ خو پرته له نظم څخه - یوازې ګډوډي او ضایع شوې هڅې.
The tent was rolled into a bulky shape, far too large for the sled.
خیمه په یوه غټ شکل کې تاو شوې وه، د سلیج لپاره ډیره لویه وه.
Dirty dishes were packed without being cleaned or dried at all.
چټل لوښي پرته له دې چې پاک یا وچ شي، بسته شوي وو.

Mercedes fluttered about, constantly talking, correcting, and meddling.

مرسدیز گرځېده، په دوامداره توګه یې خبرې کولې، اصلاح یې کوله او مداخله یې کوله.

When a sack was placed on front, she insisted it go on the back.

کله چې یوه کڅوړه مخې ته کېښودل شوه، هغې ټینګار وکړ چې دا په شا کې کېښودل شي.

She packed the sack in the bottom, and the next moment she needed it.

هغې کڅوړه په بېخ کې ډکه کړه، او بله شیبه یې ورته اړتیا درلوده.

So the sled was unpacked again to reach the one specific bag.

نو سلیج بیا خلاص شو ترڅو یوې ځانګړې کڅوړې ته ورسیږي.

Nearby, three men stood outside a tent, watching the scene unfold.

نږدې، درې سړي د خیمې بهر ولاړ وو، او د پېښې ننداره یې کوله.

They smiled, winked, and grinned at the newcomers' obvious confusion.

دوی د نویو راغلو کسانو په ښکاره ګډوډۍ موسکا وکړه، سترګې یې وغړولې او موسکا یې وکړه.

"You've got a right heavy load already," said one of the men.

یو سړي وویل-تاسو لا دمخه یو ښه درووند بار لرئ" -"

"I don't think you should carry that tent, but it's your choice."

زه فکر نه کوم چې ته باید دا خیمه له ځان سره ولرې، خو دا ستا انتخاب " دی."

"Undreamed of!" cried Mercedes, throwing up her hands in despair.

بې خوبه"-مرسدیز چیغه کړه، په نا امیدۍ یې لاسونه پورته کړل "-

"How could I possibly travel without a tent to stay under?"

"څنګه کولی شم پرته له خیمې څخه سفر وکړم چې لاندې پاتې شم؟"

"It's springtime—you won't see cold weather again," the man replied.

سړي ځواب ورکړ-د پسرلي موسم دی - ته به بیا سړه هوا ونه ګورې" -"

But she shook her head, and they kept piling items onto the sled.

خو هغې سر وخوځاوه، او دوی په سليج باندې د شيانو راټولولو ته دوام ورکړ.
The load towered dangerously high as they added the final things.
کله چې دوی وروستي شيان اضافه کړل، بار په خطرناکه توګه لوړ شو.
"Think the sled will ride?" asked one of the men with a skeptical look.
فکر کوې چې سليج به سپور شي؟ "يو له هغو کسانو څخه چې شکمن " نظر يې درلود وپوښتل.
"Why shouldn't it?" Charles snapped back with sharp annoyance.
ولې بايد نه وي؟ "چارلس په سخت غوسه ځواب ورکړ ".
"Oh, that's all right," the man said quickly, backing away from offense.
هو، دا سمه ده، "سړي په چټکۍ سره وويل، له تيرى څخه شاته شو ".
"I was only wondering—it just looked a bit too top-heavy to me."
زه يوازې فکر کوم - دا ماته يو څه ډير درونډ ښکاريده"."
Charles turned away and tied down the load as best as he could.
چارلس مخ واړاوه او بار يې تر هغه ځايه چې امکان يې درلود وتړلو.
But the lashings were loose and the packing poorly done overall.
خو د وهلو ټکولو ځايونه خلاص وو او بسته بندي يې په ټوليزه توګه خرابه وه.
"Sure, the dogs will pull that all day," another man said sarcastically.
هو، سپي به ټوله ورځ دا کش کړي، "يو بل سړي په طنزيه ډول وويل".
"Of course," Hal replied coldly, grabbing the sled's long gee-pole.
البته، "هال په سړه سينه ځواب ورکړ، د سليج اوږده ګی پول يې ونيولو".
With one hand on the pole, he swung the whip in the other.
په يوه لاس يې په ستنه کې، په بل لاس کې يې کوته وخوځوله.
"Let's go!" he shouted. "Move it!" urging the dogs to start.
هغه چيغه کړه.راځئ چې لاړ شو" .لرې يې کړئ" "سپي يې وهڅول " چې پيل وکړي.

The dogs leaned into the harness and strained for a few moments.

سپي په زنګون تکیه وکړه او د خو شیبو لپاره یې فشار ورکړ.

Then they stopped, unable to budge the overloaded sled an inch.

بیا دوی ودرېدل، د ډېر بار شوي سلیج یو انچ هم نه شوای ګرځېدلی.

"The lazy brutes!" Hal yelled, lifting the whip to strike them.

لټ ځناور ".هال چیغه کړه، د هغوی د وهلو لپاره یې کوته پورته کړه ".

But Mercedes rushed in and seized the whip from Hal's hands.

خو مرسډیز په منډه راغی او د هال له لاسونو څخه یې کوپی ونیوله.

"Oh, Hal, don't you dare hurt them," she cried in alarm.

هغې په ژړا چیغه کړه.او، هال، ته د هغوی د تپي کولو جرئت مه کوه" ."

"Promise me you'll be kind to them, or I won't go another step."

ژمنه وکړه چې ته به ورسره مهربانه یې، که نه نو زه به بل ګام هم " پورته نه کړم."

"You don't know a thing about dogs," Hal snapped at his sister.

هال په خپلې خور باندې په غوسه وویل.ته د سپیو په اړه هیڅ نه " پوهېږې."

"They're lazy, and the only way to move them is to whip them."

دوی سست دي، او د دوی د حرکت کولو یوازینۍ لار د دوی وهل دي"."

"Ask anyone—ask one of those men over there if you doubt me."

له هر چا پوښتنه وکړه - که ته زما په اړه شک لرې نو له هغو کسانو " څخه یو یې وپوښته."

Mercedes looked at the onlookers with pleading, tearful eyes.

مرسډیز لیدونکو ته په زاریو او اوښکو ډکو سترګو وکتل.

Her face showed how deeply she hated the sight of any pain.

د هغې مخ ښودله چې هغه د هر ډول درد لیدلو څخه څومره کرکه لري.

"They're weak, that's all," one man said. "They're worn out."

یو سړي وویل.دوی کمزوري دي، بس" .دوی ستړي شوي دي ."

"They need rest—they've been worked too long without a break."

دوی آرام ته اړتیا لري - دوی د اوږدې مودې لپاره پرته له وقفې کار " کړی دی."

"Rest be cursed," Hal muttered with his lip curled.

لعنت دې وي، "هال په غوټه شونده سره وخندل".

Mercedes gasped, clearly pained by the coarse word from him.

مرسدیز ساه واخیسته، په څرګنده توګه د هغه د بدې خبرې له امله دردمنه وه.

Still, she stayed loyal and instantly defended her brother.

بیا هم، هغه وفاداره پاتې شوه او سمدلاسه یې د خپل ورور دفاع وکړه.

"Don't mind that man," she said to Hal. "They're our dogs."

هغې هال ته وویل.هغه سړی مه ګڼه" دوی زموږ سپي دي ."

"You drive them as you see fit—do what you think is right."

تاسو هغه څنګه چې مناسب ګڼئ چلوئ - هغه څه وکړئ چې تاسو یې " سم ګڼئ."

Hal raised the whip and struck the dogs again without mercy.

هال یو ځل بیا کوټه پورته کړه او بې رحمه یې سپي ووهل.

They lunged forward, bodies low, feet pushing into the snow.

دوی مخ په وړاندې توپونه وهل، بدنونه یې ښکته وو، پښې یې په واورو کې اچولې وې.

All their strength went into the pull, but the sled wasn't moving.

د دوی ټول ځواک په کشولو ولګېد، خو سلیج حرکت نه کاوه.

The sled stayed stuck, like an anchor frozen into the packed snow.

سلیج داسې بند پاتې شو، لکه لنګر چې په واوره کې کنګل شوی وي.

After a second effort, the dogs stopped again, panting hard.

د دوهمې هڅې وروسته، سپي بیا ودرېدل، په زوره یې ساه ورکړه.

Hal raised the whip once more, just as Mercedes interfered again.

هال یو ځل بیا د وهلو تکی پورته کړه، لکه څنګه چې مرسدیز بیا مداخله وکړه.

She dropped to her knees in front of Buck and hugged his neck.

هغه د باک مخې ته په زنګونونو کېناسته او د هغه غاړه يې غېږ کې ونيوله.

Tears filled her eyes as she pleaded with the exhausted dog.

کله چې هغې ستړي سپي ته زارۍ کولې، سترګې يې اوښکې ډکې شوې.

"You poor dears," she said, "why don't you just pull harder?"

هغې وويل."تاسو غريبو عزيزانو، ولې نور سخت نه کشوئ؟"

"If you pull, then you won't get to be whipped like this."

که ته کش کړې، نو بيا به داسې په وهلو نه شې"."

Buck disliked Mercedes, but he was too tired to resist her now.

باک مرسديز نه خوښاوه، خو اوس ډېر ستړی شوی و چې د هغې په وړاندې مقاومت ونه کړي.

He accepted her tears as just another part of the miserable day.

هغه د هغې اوښکې د بدبختۍ ورځې د يوې بلې برخې په توګه ومنلې.

One of the watching men finally spoke after holding back his anger.

يو له ليدونکو څخه بالاخره د خپل غوسې له کنټرولولو وروسته خبرې وکړې.

"I don't care what happens to you folks, but those dogs matter."

زه پروا نه لرم چې ستاسو سره څه کيږي، مګر دا سپي مهم دي"."

"If you want to help, break that sled loose—it's frozen to the snow."

که غواړې مرسته وکړې، نو هغه سليج خلاص کړه - دا تر واورې " پورې کنګل شوی دی."

"Push hard on the gee-pole, right and left, and break the ice seal."

په ګي پول باندې په ښي او چپ اړخ کې سخت ټک ورکړئ، او د يخ " مهر مات کړئ."

A third attempt was made, this time following the man's suggestion.

دريمه هڅه وشوه، دا ځل د سړي د وړانديز په تعقيب.

Hal rocked the sled from side to side, breaking the runners loose.

هال سلیج له یوې خوا بلې خوا ته وخوځاوه، او منډې وهونکي یې خلاص کړل.

The sled, though overloaded and awkward, finally lurched forward.

سلیج، که څه هم ډیر بار او عجیب و، بالاخره مخ په وړاندې وخوځېد.

Buck and the others pulled wildly, driven by a storm of whiplashes.

باک او نورو په بې رحمی سره حرکت وکړ، د څپې وهلو طوفان لخوا وهل شوی.

A hundred yards ahead, the trail curved and sloped into the street.

سل گزه وړاندې، لاره کږه شوه او کوڅې ته راښکته شوه.

It was going to have taken a skilled driver to keep the sled upright.

د سلیج د مستقیم ساتلو لپاره به یو ماهر چلوونکي ته اړتیا وه.

Hal was not skilled, and the sled tipped as it swung around the bend.

هال ماهر نه و، او سلیج د کږې شاوخوا گرځېدو سره سم سر وخوځاوه.

Loose lashings gave way, and half the load spilled onto the snow.

خلاصې وهل شوې وه، او نیم بار یې په واورې باندې وغورځېد.

The dogs did not stop; the lighter sled flew along on its side.

سپي ونه دربېدل؛ سپک سلیج یې په څنګ کې الوتنه وکړه.

Angry from abuse and the heavy burden, the dogs ran faster.

د ناوړه چلند او دروند بار څخه په غوسه، سپي گړندي منډه کړه.

Buck, in fury, broke into a run, with the team following behind.

باک په غوسه کې منده وکړه، او تیم یې شاته شو.

Hal shouted "Whoa! Whoa!" but the team paid no attention to him.

هال چیغه کړه "واه-واه -خو تیم ورته هیڅ پام ونه کړ ".

He tripped, fell, and was dragged along the ground by the harness.

هغه وغورځېد، ولوېد، او د زنګ په واسطه په ځمکه کې راښکته شو.

The overturned sled bumped over him as the dogs raced on ahead.

کله چی سپي مخکي مندې وهلې، نو غورځبدلي سليج يي پر سر ولګېد۔

The rest of the supplies scattered across Skaguay's busy street.

پاتي توکي د سکاګوای په ګڼه ګوڼه کوڅه کي خپاره شوي دي۔

Kind-hearted people rushed to stop the dogs and gather the gear.

مهربانه خلک د سپو د درولو او د وسايلو د راټولولو لپاره منډه کړه۔

They also gave advice, blunt and practical, to the new travelers.

دوی نويو مسافرو ته هم واضح او عملي مشورې ورکړې۔

"If you want to reach Dawson, take half the load and double the dogs."

که غواړې ډاوسن ته ورسېږې، نو نيم بار واخله او سپي دوه چنده کړه"۔"

Hal, Charles, and Mercedes listened, though not with enthusiasm.

هال، چارلس او مرسدیز غوږ ونيو، که څه هم په ليوالتيا سره نه۔

They pitched their tent and started sorting through their supplies.

هغوی خپله خيمه ودروله او د خپلو توکو په ترتيبولو يي پيل وکړ۔

Out came canned goods, which made onlookers laugh aloud.

ډبي شوي توکي راووتل، چي لیدونکي يي په لوړ غږ وخندل۔

"Canned stuff on the trail? You'll starve before that melts," one said.

په لاره کي کند شوي شيان؟ مخکي لدي چي هغه اوبه شي، تاسو به وږي " شئ، "يو وويل۔

"Hotel blankets? You're better off throwing them all out."

د هوټل کمپلي؟ غوره ده چي ټول يي وغورځوئ"۔"

"Ditch the tent, too, and no one washes dishes here."

خيمه هم وباسه، او دلته څوک لوښي نه مينځي"۔"

"You think you're riding a Pullman train with servants on board?"

"ته فکر کوي چي د پلمن ریل ګادي کي د نوکرانو سره سپاره يي؟"

The process began—every useless item was tossed to the side.

پروسه پيل شوه - هر بي ګټي شی يوي خوا ته وغورځول شو۔

Mercedes cried when her bags were emptied onto the snowy ground.

مرسډيز ژړل کله چې د هغې کڅوړې په واوره پوښل شوې ځمکې خالي شوې.

She sobbed over every item thrown out, one by one without pause.

هغې په هر غورځول شوي شي باندې ژړل، پرته له ځنډه.

She vowed not to go one more step—not even for ten Charleses.

هغې ژمنه وکړه چې یو ګام هم نور نه پورته کوي - حتی د لسو چارلس لپاره هم نه.

She begged each person nearby to let her keep her precious things.

هغې له نږدې هر کس څخه وغوښتل چې خپل قیمتي شیان وساتي.

At last, she wiped her eyes and began tossing even vital clothes.

بالاخره، هغې خپلې سترګې پاکې کړې او حتی مهمې جامې یې وغورځولې.

When done with her own, she began emptying the men's supplies.

کله چې یې خپل کار پای ته ورساوه، هغې د سړیو د توکو خالي کول پیل کړل.

Like a whirlwind, she tore through Charles and Hal's belongings.

د طوفان په څیر، هغې د چارلس او هال سامانونه څیرې کړل.

Though the load was halved, it was still far heavier than needed.

که څه هم بار نیمایي ته راټیټ شو، خو بیا هم د اړتیا په پرتله ډیر دروند و.

That night, Charles and Hal went out and bought six new dogs.

په هغه شپه، چارلس او هال بهر لاړل او شپږ نوي سپي یې واخیستل.

These new dogs joined the original six, plus Teek and Koona.

دا نوي سپي د اصلي شپږو سپو سره یوځای شول، د تیک او کونا سره یوځای شول.

Together they made a team of fourteen dogs hitched to the sled.

دوی په ګډه د څوارلسو سپو یوه ډله جوړه کړه چې سلیج ته یې تړلي وو.

But the new dogs were unfit and poorly trained for sled work.

خو نوي سپي د سلیج کار لپاره نا مناسب او په سمه توګه روزل شوي نه وو.

Three of the dogs were short-haired pointers, and one was a Newfoundland.

درې سپي لنډ ویښتان لرونکي وو، او یو یې د نیوفونډلینډ وو.

The final two dogs were mutts of no clear breed or purpose at all.

وروستي دوه سپي د هیڅ روښانه نسل یا هدف پرته غوټی وو.

They didn't understand the trail, and they didn't learn it quickly.

دوی لاره نه پوهیده، او دوی یې ژر زده نه کړه.

Buck and his mates watched them with scorn and deep irritation.

باک او د هغه ملګرو دوی ته په سپکاوي او ژور خپګان سره کتل.

Though Buck taught them what not to do, he could not teach duty.

که څه هم باک هغوی ته دا ورزده کړه چې څه ونه کړي، خو هغه وظیفه نه شو ورزده کولی.

They didn't take well to trail life or the pull of reins and sleds.

دوی د ژوند تعقیب یا د بامونو او سلیجونو کشولو سره ښه نه و.

Only the mongrels tried to adapt, and even they lacked fighting spirit.

یوازې مغرورو هڅه کوله چې تطابق وکړي، او حتی دوی د جګړې روحیه نه درلوده.

The other dogs were confused, weakened, and broken by their new life.

نور سپي د خپل نوي ژوند له امله مغشوش، کمزوري او مات شوي وو.

With the new dogs clueless and the old ones exhausted, hope was thin.

نوي سپي بې خبره او زاړه ستړي شوي وو، نو هیله کمزورې وه.

Buck's team had covered twenty-five hundred miles of harsh trail.

د باک ټیم پنځه ویشت سوه میله سخته لاره وهلې وه.

Still, the two men were cheerful and proud of their large dog team.

بیا هم، دواړه سړي خوشحاله وو او د خپل لوی سپي ټیم څخه ویاړي.

They thought they were traveling in style, with fourteen dogs hitched.

دوی فکر کاوه چې دوی په ستایل سره سفر کوي، د څوارلسو سپو سره.

They had seen sleds leave for Dawson, and others arrive from it.

دوی د ډاوسن لپاره سلیجونه لیدلي وو، او نور له هغه ځایه راځي.

But never had they seen one pulled by as many as fourteen dogs.

خو دوی هیڅکله داسې یو نه دی لیدلی چې د څوارلسو سپو لخوا کش شوی وي.

There was a reason such teams were rare in the Arctic wilderness.

یو دلیل وو چې دا ډول ټیمونه په شمالي قطبي دښته کې نادر وو.

No sled could carry enough food to feed fourteen dogs for the trip.

هیڅ سلیج دومره خواړه نه شي لیږدولی چې د سفر لپاره څوارلس سپي وخوري.

But Charles and Hal didn't know that—they had done the math.

خو چارلس او هال دا نه پوهېدل - دوی محاسبه کړې وه.

They penciled out the food: so much per dog, so many days, done.

دوی خواړه په قلم سره ولیکل.د هر سپي لپاره دومره ډیر، په ډیرو ورځو کې، بشپړ شول.

Mercedes looked at their figures and nodded as if it made sense.

مرسدیز د دوی څېرو ته وکتل او سر یې داسې وخوځاوه لکه دا چې معنی ولري.

It all seemed very simple to her, at least on paper.

دا ټول هغې ته ډېر ساده ښکارېدل، لږ تر لږه په کاغذ باندې.

The next morning, Buck led the team slowly up the snowy street.

بله ورځ سهار، باک ټیم ورو ورو د واورې پوښلې کوڅې ته پورته کړ.

There was no energy or spirit in him or the dogs behind him.

په هغه یا د هغه تر شا سپو کې هیڅ انرژي یا روح نه و.

They were dead tired from the start—there was no reserve left.

دوی له پیل څخه ستړي وو - هیڅ ذخیره نه وه پاتې.

Buck had made four trips between Salt Water and Dawson already.

بک لا دمخه د سالټ واټر او ډاوسن ترمنځ څلور سفرونه کړي وو.

Now, faced with the same trail again, he felt nothing but bitterness.

اوس، چې بیا له ورته لارې سره مخ شو، هغه له تریخوالي پرته بل څه احساس نه کړل.

His heart was not in it, nor were the hearts of the other dogs.

د هغه زړه په کې نه و، او نه هم د نورو سپو زړونه په کې وو.

The new dogs were timid, and the huskies lacked all trust.

نوي سپي ډارن وو، او هسکي ټول باور نه درلود.

Buck sensed he could not rely on these two men or their sister.

باک احساس وکړ چې هغه په دې دوو سړیو یا د دوی په خور تکیه نشي کولی.

They knew nothing and showed no signs of learning on the trail.

دوی هیڅ نه پوهېدل او په لاره کې یې د زده کړې هیڅ نښه نه وه ښودلې.

They were disorganized and lacked any sense of discipline.

دوی بې نظمه وو او د نظم او ضبط هیڅ احساس یې نه درلود.

It took them half the night to set up a sloppy camp each time.

دوی هر ځل نیمه شپه وخت ونیو چې یو بې نظمه کمپ جوړ کړي.

And half the next morning they spent fumbling with the sled again.

او د بلې سهار نیمایي برخه یې بیا د سلیج سره په ټکر کې تیره کړه.

By noon, they often stopped just to fix the uneven load.

تر غرمي پورې، دوی ډیرې وخت یوازې د نا مساوي بار د سمولو لپاره ودرېدل.
On some days, they traveled less than ten miles in total.
په ځینو ورځو کې، دوی په ټولیزه توګه له لسو میلو څخه لږ سفر وکړ.
Other days, they didn't manage to leave camp at all.
په نورو ورځو کې، دوی په هیڅ ډول له کمپ څخه د وتلو توان نه درلود.
They never came close to covering the planned food-distance.
دوی هیڅکله د پلان شوي خوراکي توکو واټن پوره کولو ته نږدې نه شول.
As expected, they ran short on food for the dogs very quickly.
لکه څنګه چې تمه کېده، دوی د سپو لپاره ډېر ژر خواړه کم کړل.
They made matters worse by overfeeding in the early days.
دوی په لومړیو ورځو کې د ډیر خوراک کولو سره وضعیت نور هم خراب کړ.
This brought starvation closer with every careless ration.
دې کار د هرې بې پروايي سره لوږه نږدې کړه.
The new dogs had not learned to survive on very little.
نوي سپي په ډېر لږ څه ژوندي پاتې کېدل زده نه کړل.
They ate hungrily, with appetites too large for the trail.
دوی په لوږه وخوړل، د لارې لپاره يې اشتها ډيره وه.
Seeing the dogs weaken, Hal believed the food wasn't enough.
د سپو د کمزورې کېدو په لیدلو سره، هال باور وکړ چې خواړه کافي نه دي.
He doubled the rations, making the mistake even worse.
هغه خوراکونه دوه چنده کړل، چې تېروتنه يې نوره هم خرابه کړه.
Mercedes added to the problem with tears and soft pleading.
مرسډيز د اوښکو او نرمې زارۍ سره ستونزه نوره هم زیاته کړه.
When she couldn't convince Hal, she fed the dogs in secret.
کله چې هغې هال قانع نه کړ، نو په پټه يې سپيو ته خواړه ورکړل.
She stole from the fish sacks and gave it to them behind his back.
هغې د کبانو له کڅوړو څخه غلا وکړه او د هغه تر شا یې ورته ورکړه.

But what the dogs truly needed wasn't more food—it was rest.

خو هغه څه چې سپو ته په رښتیا هم اړتیا وه نور خواړه نه وو - دا آرام وو.

They were making poor time, but the heavy sled still dragged on.

دوی ډېر وخت تېروه، خو درنه سلېج لا هم دوام درلود.

That weight alone drained their remaining strength each day.

یوازې همدغه وزن هره ورځ د دوی پاتې ځواک کماوه.

Then came the stage of underfeeding as the supplies ran low.

بیا د کم خوراک مرحله راغله ځکه چې اکمالات کم شول.

Hal realized one morning that half the dog food was already gone.

هال یوه سهار پوه شو چې د سپي نیمايي خواړه لا دمخه ختم شوي دي.

They had only traveled a quarter of the total trail distance.

دوی د ټولې لارې یوازې څلورمه برخه سفر کړی و.

No more food could be bought, no matter what price was offered.

نور خواړه نشو اخیستلی، مهمه نه ده چې په کومه بیه ورکړل شوې وي.

He reduced the dogs' portions below the standard daily ration.

هغه د سپو د خوړو برخه د معیاري ورځني خوراک څخه کمه کړه.

At the same time, he demanded longer travel to make up for loss.

په ورته وخت کې، هغه د زیان د جبران لپاره د اوږد سفر غوښتنه وکړه.

Mercedes and Charles supported this plan, but failed in execution.

مرسډیز او چارلس د دې پلان ملاتړ وکړ، خو په پلي کولو کې پاتې راغلل.

Their heavy sled and lack of skill made progress nearly impossible.

د دوی درنې سلیج او د مهارت نشتوالي پرمختګ تقریبا ناممکن کړ.

It was easy to give less food, but impossible to force more effort.

لږ خواړه ورکول اسانه وو، خو د ډیرو هڅو مجبورول ناممکن وو.

They couldn't start early, nor could they travel for extra hours.

دوی نه شوای کولی چې ژر پیل وکړي، او نه هم د اضافي ساعتونو لپاره سفر کولی شي.

They didn't know how to work the dogs, nor themselves, for that matter.

دوی نه پوهېدل چې څنګه سپي کار وکړي، او نه هم پخپله.

The first dog to die was Dub, the unlucky but hardworking thief.

لومړنی سپی چې مړ شو ډوب و، هغه بدبخته خو محنتي غل و.

Though often punished, Dub had pulled his weight without complaint.

که څه هم ډیری وخت سزا ورکول کېده، ډوب پرته له شکایت څخه خپل وزن پورته کړ.

His injured shoulder grew worse without care or needed rest.

د هغه ټپي اوږه د پاملرنې یا اړتیا پرته خرابه شوه.

Finally, Hal used the revolver to end Dub's suffering.

په پای کې، هال د ډوب د کړاو د پای ته رسولو لپاره له تومانچې څخه کار واخیست.

A common saying claimed that normal dogs die on husky rations.

یوه عامه خبره دا وه چې عادي سپي په هسکي راشنونو مري.

Buck's six new companions had only half the husky's share of food.

د باک شپږ نویو ملګرو د هسکي د خوړو یوازې نیمایي برخه درلوده.

The Newfoundland died first, then the three short-haired pointers.

لومړی نیوفونډلینډ مړ شو، بیا درې لنډ ویښتان لرونکي پوائنټران.

The two mongrels held on longer but finally perished like the rest.

دوه وحشیان ډېر وخت دوام وکړ خو بالاخره د نورو په څېر له منځه لاړل.

By this time, all the amenities and gentleness of the Southland were gone.

په دې وخت کې، د ساوت لینډ ټولې اسانتیاوې او نرمښت ورک شوي وو.

The three people had shed the last traces of their civilized upbringing.

دغو دریو کسانو د خپل متمدن پالنې وروستی نښې له لاسه ورکړې وې.

Stripped of glamour and romance, Arctic travel became brutally real.

د ښکلا او رومانس څخه بې برخې، د ارکټیک سفر په وحشیانه توګه ریښتینی شو.

It was a reality too harsh for their sense of manhood and womanhood.

دا یو حقیقت وو چې د دوی د نارینه وو او ښځینه وو د احساس لپاره خورا سخت وو.

Mercedes no longer wept for the dogs, but now wept only for herself.

مرسدیز نور د سپیو لپاره نه ژړل، مګر اوس یوازې د ځان لپاره ژړل.

She spent her time crying and quarreling with Hal and Charles.

هغې خپل وخت د هال او چارلس سره په ژړا او شخړه کې تېر کړ.

Quarreling was the one thing they were never too tired to do.

شخړه یوازینی شی و چې دوی یې هیڅکله د کولو لپاره ستړي نه وو.

Their irritability came from misery, grew with it, and surpassed it.

د دوی خپګان له بدبختۍ څخه راغلی، ورسره وده وکړه، او له هغې څخه یې تیر شو.

The patience of the trail, known to those who toil and suffer kindly, never came.

د لارې صبر، هغه کسانو ته چې په مهربانۍ سره زحمت او کړاو ګالي، هیڅکله نه دی رسیدلی.

That patience, which keeps speech sweet through pain, was unknown to them.

هغه صبر، چې د درد په منځ کې خبرې خوږې ساتي، دوی ته نا اشنا وو.

They had no hint of patience, no strength drawn from suffering with grace.

دوی د صبر هیڅ نښه نه درلوده، او نه هغه ځواک چې له کړاو څخه یې په فضل سره تر لاسه کاوه.

They were stiff with pain—aching in their muscles, bones, and hearts.

دوی د درد ځخه سخت وو - په عضلاتو، هډوکو او زړونو کې درد.

Because of this, they grew sharp of tongue and quick with harsh words.

له همدې امله، دوی ژبه تېزه او په سختو الفاظو کې چټک شول.

Each day began and ended with angry voices and bitter complaints.

هره ورځ د غوسې او ترخو شکایتونو سره پیل او پای ته ورسېده.

Charles and Hal wrangled whenever Mercedes gave them a chance.

هرکله چې مرسدیز ورته موقع ورکوله، چارلس او هال به یې سره شخړه کوله.

Each man believed he did more than his fair share of the work.

هر سړي باور درلود چې هغه د کار له خپلې عادلانه برخې ځخه ډېر کار کړی دی.

Neither ever missed a chance to say so, again and again.

دواړو هیڅکله د دې ویلو فرصت له لاسه ورنکړ، بیا بیا.

Sometimes Mercedes sided with Charles, sometimes with Hal.

کله کله مرسدیز د چارلس پلوي کوله، کله کله د هال.

This led to a grand and endless quarrel among the three.

دا د درې واړو ترمنځ د یوې لویې او نه ختمیدونکې شخړې لامل شو.

A dispute over who should chop firewood grew out of control.

د دې په اړه شخړه چې څوک باید لرگي پرې کړي، له کنترول ځخه بهر شوه.

Soon, fathers, mothers, cousins, and dead relatives were named.

ډېر ژر، د پلرونو، مورگانو، د تره زامنو او د مړو خپلوانو نومونه واخیستل شول.

Hal's views on art or his uncle's plays became part of the fight.

د هنر یا د هغه د تره د ډرامو په اړه د هال نظرونه د جگړې برخه شوه.

Charles's political beliefs also entered the debate.

د چارلس سیاسي باورونه هم په بحث کې شامل شول.

To Mercedes, even her husband's sister's gossip seemed relevant.

مرسډیز ته، حتی د هغي د میړه د خور خبرې هم اړونده ښکارېدې.
She aired opinions on that and on many of Charles's family's flaws.
هغې په دې او د چارلس د کورنۍ د ډېرو نیمګړتیاوو په اړه نظرونه خپاره کړل.
While they argued, the fire stayed unlit and camp half set.
پداسې حال کې چې دوی په شخړه کې وو، اور نه روښانه پاتې شو او کمپ نیم سوځېدلی و.
Meanwhile, the dogs remained cold and without any food.
په عین حال کې، سپي ساړه پاتې شول او پرته له خوړو څخه.
Mercedes held a grievance she considered deeply personal.
مرسډیز یوه شکایت درلوده چې هغې یې ژوره شخصي ګڼله.
She felt mistreated as a woman, denied her gentle privileges.
هغې د یوې ښځې په توګه ناوړه چلند احساس کړ، د هغې نرم امتیازات یې رد کړل.
She was pretty and soft, and used to chivalry all her life.
هغه ښکلې او نرمه وه، او ټول عمر یې له زړورتیا سره عادت درلود.
But her husband and brother now treated her with impatience.
خو اوس یې میړه او ورور ورسره بې صبري کوله.
Her habit was to act helpless, and they began to complain.
د هغې عادت دا و چې بې وسه عمل وکړي، او دوی شکایت پیل کړ.
Offended by this, she made their lives all the more difficult.
له دې څخه په غوسه شوې، هغې د دوی ژوند نور هم ستونزمن کړ.
She ignored the dogs and insisted on riding the sled herself.
هغې سپي له پامه وغورځول او ټینګار یې وکړ چې پخپله په سلیج کې سپاره شي.
Though light in looks, she weighed one hundred twenty pounds.
که څه هم په ظاهره کې سپکه وه، خو وزن یې یو سل او شل پونډه وو.
That added burden was too much for the starving, weak dogs.
دا اضافه بار د وږو او کمزورو سپیو لپاره ډېر زیات و.
Still, she rode for days, until the dogs collapsed in the reins.
بیا هم، هغې څو ورځې موټر چلاوه، تر هغه چې سپي یې په بام کې راپرېوتل.

The sled stood still, and Charles and Hal begged her to walk.

سليج ولاړ و، او چارلس او هال هغې ته د تګ غوښتنه وکړه.

They pleaded and entreated, but she wept and called them cruel.

هغوی زارۍ او زارۍ وکړې، خو هغې ژړل او هغوی يې ظالمان وبلل.

On one occasion, they pulled her off the sled with sheer force and anger.

په يوه موقع، دوی په ډېر زور او غوسه هغه له سليج څخه راښکته کړه.

They never tried again after what happened that time.

دوی هيڅکله بيا هڅه ونه کړه چې له هغه وخت وروسته څه پېښ شول.

She went limp like a spoiled child and sat in the snow.

هغه د خراب شوي ماشوم په څېر ګنډل شوه او په واوره کې کښېناست.

They moved on, but she refused to rise or follow behind.

دوی مخکې لاړل، خو هغې له پورته کېدو يا شاته تګ څخه انکار وکړ.

After three miles, they stopped, returned, and carried her back.

له درې ميله مزل وروسته، دوی ودرېدل، بيرته راغلل او هغه يې بيرته يوړه.

They reloaded her onto the sled, again using brute strength.

دوی هغه بيا په سليج کې بار کړه، بيا يې د وحشي ځواک په کارولو سره.

In their deep misery, they were callous to the dogs' suffering.

په خپل ژور غم کې، دوی د سپيو د کړاو په وړاندې بې رحمه وو.

Hal believed one must get hardened and forced that belief on others.

هال په دې باور وو چې يو څوک بايد سخت شي او دا باور په نورو باندې تحميل کړي.

He first tried to preach his philosophy to his sister

هغه لومړی هڅه وکړه چې خپله فلسفه خپلې خور ته وعظ کړي

and then, without success, he preached to his brother-in-law.

او بيا، پرته له برياليتوبه، هغه خپل ورور ته وعظ وکړ.

He had more success with the dogs, but only because he hurt them.

هغه د سپيو سره ډېر برياليتوب درلود، مګر يوازې د دې لپاره چې هغه دوی ته زيان ورساوه.

At Five Fingers, the dog food ran out of food completely.

په پنځه ګوتو کې، د سپي خواړه په بشپړه توګه ختم شول.
A toothless old squaw sold a few pounds of frozen horse-hide
یو بې غاښه زوړ اسکوا څو پونده کنګل شوي آس پوستکی وپلورل
Hal traded his revolver for the dried horse-hide.
هال خپل تومانچه د وچې آس د پوستکي په بدل کې ورکړه.
The meat had come from starved horses of cattlemen months before.
غوښه څو میاشتې وړاندې د څارویو د وږو اسونو څخه راغلې وه.
Frozen, the hide was like galvanized iron; tough and inedible.
کنګل شوی، پوستکی د ګالوانیز اوسپنې په څیر و؛ سخت او د خوړلو وړ نه و.
The dogs had to chew endlessly at the hide to eat it.
سپي اړ وو چې د خوړلو لپاره یې په دوامداره توګه پوټکی ژوي.
But the leathery strings and short hair were hardly nourishment.
خو د چرمي تارونه او لنډ ویښتان یې په سختۍ سره تغذیه کېدل.
Most of the hide was irritating, and not food in any true sense.
د پوستکي ډېره برخه خوړونکې وه، او په ریښتیني معنی کې خواړه نه وو.
And through it all, Buck staggered at the front, like in a nightmare.
او د دې ټولو په اوږدو کې، باک په مخ کې ودرېد، لکه د یو خوب په څیر.
He pulled when able; when not, he lay until whip or club raised him.
کله چې به یې توان درلود، نو کش به یې کاوه؛ کله چې به یې توان نه درلود، نو تر هغه وخته پورې پروت و چې متروکه یا ډنډه به یې پورته کړه.
His fine, glossy coat had lost all stiffness and sheen it once had.
د هغه نازک، ځلیدونکی کوټ ټول هغه سختوالی او ځلا چې یو وخت یې درلوده له لاسه ورکړې وه.
His hair hung limp, draggled, and clotted with dried blood from the blows.

د هغه وینښتان نرم، کش شوي او د وهلو له امله د وچو وینو سره لخته شوي وو.
His muscles shrank to cords, and his flesh pads were all worn away.
د هغه عضلات په تارونو بدل شول، او د غوښې پيډونه يې ټول خراب شول.
Each rib, each bone showed clearly through folds of wrinkled skin.
هره پښتۍ، هر هډوکی د غوړو شویو پوستکي له لارې په څرګنده توګه ښکاریده.
It was heartbreaking, yet Buck's heart could not break.
دا زړه ماتوونکی و، خو د باک زړه مات نشو.
The man in the red sweater had tested that and proved it long ago.
هغه سړي چې سور سویټر يې اغوستی و، دا ازموينه کړې وه او ډېر وخت يې ثابته کړې وه.
As it was with Buck, so it was with all his remaining teammates.
لکه څنګه چې د باک سره وه، همداسې د هغه د پاتې ټولو ټیم ملګرو سره هم وه.
There were seven in total, each one a walking skeleton of misery.
ټولټال اووه کسان وو، هر يو يې د بدبختۍ يو روان کنکال و.
They had grown numb to lash, feeling only distant pain.
دوی بې حسه شوي وو چې په وهلو وهلو بوخت وو، یوازې لرې درد يې احساس کاوه.
Even sight and sound reached them faintly, as through a thick fog.
حتی لید او غږ دوی ته په لږ څه ډول رسیدلی، لکه د یوې ګڼې دوړې له لارې.
They were not half alive—they were bones with dim sparks inside.
دوی نیم ژوندي نه وو - دوی هډوکي وو چې دننه يې تياره څراغونه وو.
When stopped, they collapsed like corpses, their sparks almost gone.

کله چې ودرول شول، دوی د مړو په څیر راپرېوتل، د دوی څراغونه تقریبا ورک شول.
And when the whip or club struck again, the sparks fluttered weakly.
او کله چې به کوپړه یا ډنده بیا ووهله، نو سپرغۍ به په کمزورۍ ډول وخوځېدې.
Then they rose, staggered forward, and dragged their limbs ahead.
بیا دوی پورته شول، ودرېدل، او خپل پښې یې مخ په وړاندې کش کړې.
One day kind Billee fell and could no longer rise at all.
یوه ورځ مهربانه بېلي ولوېده او نور یې نشوای پورته کېدای.
Hal had traded his revolver, so he used an axe to kill Billee instead.
هال خپل تومانچه تبادله کړې وه، نو پرځای یې هغه د تبر څخه کار واخیست ترڅو بیلی ووژني.
He struck him on the head, then cut his body free and dragged it away.
هغه یې په سر وواهه، بیا یې بدن پرې کړ او په کشولو یې لرې کړ.
Buck saw this, and so did the others; they knew death was near.
باک دا ولیدل، او نورو هم ولیدل؛ دوی پوهیدل چې مرګ نږدې دی.
Next day Koona went, leaving just five dogs in the starving team.
بله ورځ کونا لاړه، او په لوږه ډله کې یې یوازې پنځه سپي پرېښودل.
Joe, no longer mean, was too far gone to be aware of much at all.
جو، نور بدبین نه دی، دومره لرې تللی و چې د ډېر څه په اړه یې معلومات نه درلودل.
Pike, no longer faking his injury, was barely conscious.
پایک، نور د خپل ټپ دعوا نه کوله، په سختۍ سره هوش درلود.
Solleks, still faithful, mourned he had no strength to give.
سولیکس، چې لا هم وفادار و، غمجن و چې د ورکولو توان یې نه درلود.
Teek was beaten most because he was fresher, but fading fast.
تیک تر ټولو ډېر وهل شوی و ځکه چې هغه تازه و، خو ژر مړاوی شو.
And Buck, still in the lead, no longer kept order or enforced it.

او باک، چې لا هم په مشرۍ کې و، نور يې نظم نه دی ساتلی او نه يې پلي کړی دی.
Half blind with weakness, Buck followed the trail by feel alone.
باک د کمزورۍ سره نيم ړوند و، او د يوازيتوب احساس سره يې لاره تعقيب کړه.
It was beautiful spring weather, but none of them noticed it.
د پسرلي موسم ډېر ښکلی و، خو هيچا يې پام ونه کړ.
Each day the sun rose earlier and set later than before.
هره ورځ لمر د پخوا په پرتله مخکې راپورته کېده او وروسته لوېده.
By three in the morning, dawn had come; twilight lasted till nine.
د سهار په دريو بجو سهار شو؛ ماښام تر نهو بجو پورې دوام وکړ.
The long days were filled with the full blaze of spring sunshine.
اوږدې ورځې د پسرلي د لمر له بشپړې رڼا ډکې وې.
The ghostly silence of winter had changed into a warm murmur.
د ژمي ارواحي چوپتيا په گرم غږ بدله شوې وه.
All the land was waking, alive with the joy of living things.
ټوله ځمکه راويښه شوه، د ژونديو شيانو په خوښۍ سره ژوندۍ وه.
The sound came from what had lain dead and still through winter.
غږ له هغه ځه ځخه راغی چې مړ پروت و او د ژمي په اوږدو کې لا هم پاتې و.
Now, those things moved again, shaking off the long frost sleep.
اوس، هغه شيان بيا حرکت وکړ، د يخنۍ اوږده خوب يې لرې کړ.
Sap was rising through the dark trunks of the waiting pine trees.
د انتظار کوونکو صنوبر ونو د تياره ډډونو له لارې ساپ راپورته شو.
Willows and aspens burst out bright young buds on each twig.
د ونې او اسپين ونې په هره څانگه کې روښانه ځواني غوټۍ راټوکوي.
Shrubs and vines put on fresh green as the woods came alive.
بوټي او تاکونه تازه شنه شول ځکه چې ځنگلونه ژوندي شول.

Crickets chirped at night, and bugs crawled in daylight sun.

د شپې به چرګان چغې وهلې، او حشرات به د ورځې په رڼا کې په خزندګانو ګرځېدل.

Partridges boomed, and woodpeckers knocked deep in the trees.

تیترونه ګړنګونه وهل، او لرګين په ونو کې ژور وټکول.

Squirrels chattered, birds sang, and geese honked over the dogs.

ګلبنۍ چغې وهلې، مرغۍ سندرې ویلې، او قاز د سپو پر سر هارن وهلې.

The wild-fowl came in sharp wedges, flying up from the south.

وحشي مرغۍ په تیزو څنډو کې راغله، له جنوب څخه پورته الوتنه وکړه.

From every hillside came the music of hidden, rushing streams.

د هرې غونډۍ څخه د پټو او تېزو ویالو موسیقي راغله.

All things thawed and snapped, bent and burst back into motion.

ټول شیان ویل شول او ټوټې ټوټې شول، کږ شول او بیرته حرکت ته راغلل.

The Yukon strained to break the cold chains of frozen ice.

یوکون هڅه وکړه چې د کنګل شوي یخ سړې زنځیرونه مات کړي.

The ice melted underneath, while the sun melted it from above.

یخ لاندې ویلې شو، پداسې حال کې چې لمر هغه له پورته څخه ویلې کړه.

Air-holes opened, cracks spread, and chunks fell into the river.

د هوا سوري خلاص شول، درزونه خپاره شول، او ټوټې یې په سیند کې ولوېدې.

Amid all this bursting and blazing life, the travelers staggered.

د دې ټول سوځېدلي او سوځېدلي ژوند په منځ کې، مسافر ټکان وخوړ.

Two men, a woman, and a pack of huskies walked like the dead.

دوه سړي، یوه ښځه، او د هسکیانو یوه کڅوړه د مړو په څیر ګرځېدل.

The dogs were falling, Mercedes wept, but still rode the sled.

سپي لوېدل، مرسدیز ژړل، خو بیا هم په سلیج کې سپور و.

Hal cursed weakly, and Charles blinked through watering eyes.

هال په کمزورې ډول لعنت وواېه، او چارلس د اوښکو ډکو سترګو له لارې سترګې پټې کړې.

They stumbled into John Thornton's camp by White River's mouth.

دوی د وایټ سیند د خولې له لارې د جان تورنټن کمپ ته ننوتل.

When they stopped, the dogs dropped flat, as if all struck dead.

کله چې دوی ودرېدل، سپي په ځمکه وغورځېدل، لکه ټول مړه شوي وي.

Mercedes wiped her tears and looked across at John Thornton.

مرسدیز خپلې اوښکې پاکې کړې او جان تورنټن ته یې وکتل.

Charles sat on a log, slowly and stiffly, aching from the trail.

چارلس په لرګي ناست و، ورو او په کلکه، د لارې له امله درد کاوه.

Hal did the talking as Thornton carved the end of an axe-handle.

هال خبرې کولې پداسې حال کې چې تورنتون د تبر د لاستی پای پرې کاوه.

He whittled birch wood and answered with brief, firm replies.

هغه د برچ لرګي سپین کړل او په لنډو او ټینګو ځوابونو سره یې ځواب ورکړ.

When asked, he gave advice, certain it wasn't going to be followed.

کله چې ترې وپوښتل شول، هغه مشوره ورکړه، ډاډه وه چې دا به تعقیب نشي.

Hal explained, "They told us the trail ice was dropping out."

هال تشریح کړه، "دوی موږ ته وویل چې د لارې یخ توییږي."

"They said we should stay put—but we made it to White River."

"دوی وویل چې موږ باید هلته پاتې شو - مګر موږ وایټ سیند ته ورسیدو."

He ended with a sneering tone, as if to claim victory in hardship.

هغه په مسخره غږ سره پای ته ورساوه، لکه څنګه چې په سختۍ کې د بریا ادعا کوي.

"And they told you true," John Thornton answered Hal quietly.

او دوی تاسو ته رینتیا وویل، "جان تورنتن هال ته په خاموشۍ سره " ځواب ورکړ.

"The ice may give way at any moment—it's ready to drop out."

یخ ممکن په هره شیبه کې لاره ورکړي - دا چمتو ده چې وغورځیږي"."

"Only blind luck and fools could have made it this far alive."

یوازې ړانده بخت او احمقان کولی شي تر دې حده ژوندي راشي"."

"I tell you straight, I wouldn't risk my life for all Alaska's gold."

زه تاسو ته په ځرګنده توګه وایم، زه به د الاسکا د سرو زرو لپاره خپل " ژوند په خطر کې ونه اچوم."

"That's because you're not a fool, I suppose," Hal answered.

هال ځواب ورکړ-دا ځکه چې ته احمق نه يې، زه فکر کوم" ."

"All the same, we'll go on to Dawson." He uncoiled his whip.

په هرصورت، موږ به داوسن ته لاړ شو".هغه خپل متریک خلاص کړ ".

"Get up there, Buck! Hi! Get up! Go on!" he shouted harshly.

هلته پورته شه، بک"سلام ـپورته شه ـلاړ شه ـهغه په زوره چیغه کړه ".

Thornton kept whittling, knowing fools won't hear reason.

تورنتون په غوسه غړېده، پوهېده چې احمقان به عقل نه اوري.

To stop a fool was futile—and two or three fooled changed nothing.

د یو احمق بندول بې ګټې وو - او دوه یا درې احمقانو هیڅ بدلون نه دی راوستی.

But the team didn't move at the sound of Hal's command.

خو تیم د هال د امر په غږ سره حرکت ونه کړ.

By now, only blows could make them rise and pull forward.

تر اوسه پورې، یوازې ګوزارونه کولی شي دوی پورته او مخ په وړاندې وخوځوي.

The whip snapped again and again across the weakened dogs.

ښتک بیا بیا په کمزورو سپیو ولګېد.

John Thornton pressed his lips tightly and watched in silence.

جان تورنتن خپلې شونډې په کلکه کېښودې او په چوپتيا يې کتل.
Solleks was the first to crawl to his feet under the lash.
سوليکس لومړنی کس و چې د ښټک لاندې يې پښو ته وخوځېد.
Then Teek followed, trembling. Joe yelped as he stumbled up.
بيا تيک ورپسې راغی، لړزېده.جو چيغه کړه کله چې هغه ودرېد .
Pike tried to rise, failed twice, then finally stood unsteadily.
پايک هڅه وکړه چې پورته شي، دوه ځله ناکام شو، بيا بالاخره بې ثباته ودرېد.
But Buck lay where he had fallen, not moving at all this time.
خو بک هلته پروت و چې غورځېدلی و، دا ځل يې هيڅ حرکت نه کاوه.
The whip slashed him over and over, but he made no sound.
ښټک هغه څو ځله وواهه، خو هغه هيڅ غږ ونه کړ.
He did not flinch or resist, simply remained still and quiet.
هغه نه تکان وخوړ او نه يې مقاومت وکړ، يوازې ارام او غلی پاتې شو.
Thornton stirred more than once, as if to speak, but didn't.
تورنتن څو ځله وخوځېد، لکه څنګه چې خبرې کول غواړي، خو ونه شو.
His eyes grew wet, and still the whip cracked against Buck.
سترګې يې لوند شوې، او بيا هم د باک په وړاندې ښټک مات شو.
At last, Thornton began pacing slowly, unsure of what to do.
بالاخره، تورنتون ورو ورو حرکت پيل کړ، نه پوهېده چې څه وکړي.
It was the first time Buck had failed, and Hal grew furious.
دا لومړی ځل و چې بک ناکام شو، او هال په غوسه شو.
He threw down the whip and picked up the heavy club instead.
هغه کوټه وغورځوله او پر ځای يې درنه ډنډه پورته کړه.
The wooden club came down hard, but Buck still did not rise to move.
د لرګيو ډنډ په زور سره ښکته شو، خو بک لا هم د حرکت لپاره پورته نه شو.
Like his teammates, he was too weak—but more than that.
د خپلو ملګرو په څېر، هغه ډېر کمزوری و - خو له دې هم ډېر.
Buck had decided not to move, no matter what came next.
باک پريکړه کړې وه چې حرکت ونه کړي، مهمه نه ده چې بل څه راشي.
He felt something dark and certain hovering just ahead.

هغه یو څه تیاره او ډادمن احساس کړ چې یوازې مخکې ولاړ دی.
That dread had seized him as soon as he reached the riverbank.
هغه وېره هغه ته راغله کله چې هغه د سیند غاړې ته ورسېد.
The feeling had not left him since he felt the ice thin under his paws.
دا احساس له هغه څخه نه و وتلی ځکه چې هغه د خپلو پنجو لاندې یخ نری احساس کړ.
Something terrible was waiting—he felt it just down the trail.
یو څه وحشتناکه انتظار کاوه - هغه دا د لارې په اوږدو کې احساس کړ.
He wasn't going to walk towards that terrible thing ahead
هغه به د دې وحشتناک شی په لور مخکې نه ځي
He was not going to obey any command that took him to that thing.
هغه به د هیڅ هغه امر اطاعت ونه کړي چې هغه دې کار ته اړ باسي.
The pain of the blows hardly touched him now—he was too far gone.
د وهلو درد اوس هغه ته په سختۍ سره رسیدلی و - هغه ډیر لرې تللی و.
The spark of life flickered low, dimmed beneath each cruel strike.
د ژوند څرک د هرې ظالمانه ضربې لاندې کم او تیاره شو.
His limbs felt distant; his whole body seemed to belong to another.
د هغه پښې لرې احساس شوې؛ د هغه ټول بدن داسې ښکاریده لکه د بل چا پورې اړه ولري.
He felt a strange numbness as the pain faded out completely.
هغه یو عجیب بې حسي احساس کړه ځکه چې درد په بشپړه توګه ورک شو.
From far away, he sensed he was being beaten, but barely knew.
له لرې څخه، هغه احساس کاوه چې وهل کیږي، خو په سختۍ سره پوهېده.
He could hear the thuds faintly, but they no longer truly hurt.

هغه د ټکانونو غبرونه په کمه اندازه اورېدل، خو نور يې په رېښتيا سره درد نه کاوه.

The blows landed, but his body no longer seemed like his own.

ګوزارونه وشول، خو د هغه بدن نور د هغه خپل نه ښکارېده.

Then suddenly, without warning, John Thornton gave a wild cry.

بيا ناڅاپه، پرته له خبرتيا، جان تورنټن يو وحشي چيغه وکړه.

It was inarticulate, more the cry of a beast than of a man.

دا بې معنی وه، د انسان په پرتله د حيوان چيغه وه.

He leapt at the man with the club and knocked Hal backward.

هغه د لرګي سره سړي ته ټوپ وواهه او هال يې شاته وغورځاوه.

Hal flew as if struck by a tree, landing hard upon the ground.

هال داسې الوتنه وکړه لکه څنګه چې د ونې سره ټکر شوی وي، په ځمکه باندې په کلکه راښکته شو.

Mercedes screamed aloud in panic and clutched at her face.

مرسډيز په وېره کې په لوړ غږ چيغه کړه او د هغې مخ يې ونيو.

Charles only looked on, wiped his eyes, and stayed seated.

چارلس يوازې ورته کتل، سترګې يې پاکې کړې، او ناست پاتې شو.

His body was too stiff with pain to rise or help in the fight.

د هغه بدن د درد له امله دومره سخت و چې پورته کېدلی نه شو يا په جګړه کې مرسته نه شو کولی.

Thornton stood over Buck, trembling with fury, unable to speak.

تورنټن د باک تر څنګ ولاړ و، له غوسې لړزېده، او د خبرو کولو توان يې نه درلود.

He shook with rage and fought to find his voice through it.

هغه له غوسې ولړزېد او د خپل غږ د موندلو لپاره يې مبارزه وکړه.

"If you strike that dog again, I'll kill you," he finally said.

هغه بالاخره وويل-که ته بيا هغه سپی ووهې، زه به دې ووژنم" -."

Hal wiped blood from his mouth and came forward again.

هال له خولې څخه وينه پاکه کړه او بيا مخ ته راغی.

"It's my dog," he muttered. "Get out of the way, or I'll fix you."

هغه وخندل، "دا زما سپی دی.له لارې لرې شه، که نه نو زه به دې سم " " کړم."

“I’m going to Dawson, and you’re not stopping me,” he added.

هغه زياته کړه.زه ډاوسن ته ځم، او ته ما نه منع کوې" ."

Thornton stood firm between Buck and the angry young man.

تورنټن د بک او غوسه شوي ځوان تر منځ ټينګ ولاړ و.

He had no intention of stepping aside or letting Hal pass.

هغه هيڅ اراده نه درلوده چې يو طرف شي يا هال پريږدي.

Hal pulled out his hunting knife, long and dangerous in hand.

هال خپله د ښکار چاقو راوويستله، چې اوږده او خطرناکه وه او په لاس کې وه.

Mercedes screamed, then cried, then laughed in wild hysteria.

مرسډيز چيغه کړه، بيا يې ژړل، بيا يې په وحشي جنون کې وخندل.

Thornton struck Hal’s hand with his axe-handle, hard and fast.

تورنټون د هال لاس د خپل تبر په لاس سخت او ګړندی وواهه.

The knife was knocked loose from Hal’s grip and flew to the ground.

چاقو د هال له منګولو څخه خلاص شو او په ځمکه ولوېد.

Hal tried to pick the knife up, and Thornton rapped his knuckles again.

هال هڅه وکړه چې چاقو پورته کړي، او تورنټون بيا د هغه ګوتې ووهلې.

Then Thornton stooped down, grabbed the knife, and held it.

بيا تورنټن ښکته شو، چاقو يې واخيست او ونيوله.

With two quick chops of the axe-handle, he cut Buck’s reins.

د تبر د لاستی په دوو چټکو ټوټو سره، هغه د باک لګاوونه پرې کړل.

Hal had no fight left in him and stepped back from the dog.

هال په خپل وجود کې هيڅ جګړه نه درلوده او له سپي څخه شاته شو.

Besides, Mercedes needed both arms now to keep her upright.

سربېره پردې، مرسډيز اوس دواړو لاسونو ته اړتيا درلوده ترڅو هغه سمه وساتي.

Buck was too near death to be of use for pulling a sled again.
باک مرگ ته ډېر نږدې و چې بیا د سلیج کشولو لپاره کار ترې وانخیست.
A few minutes later, they pulled out, heading down the river.
څو دقیقې وروسته، دوی راووتل، د سیند په لور روان شول.
Buck raised his head weakly and watched them leave the bank.
باک په کمزورۍ ډول خپل سر پورته کړ او د بانک څخه د دوی د وتلو ننداره یې وکړه.
Pike led the team, with Solleks at the rear in the wheel spot.
پایک د تیم مشري کوله، او سولیکس د ویل ځای په شا کې و.
Joe and Teek walked between, both limping with exhaustion.
جو او تیک د دواړو ترمنځ روان وو، دواړه د ستړیا له امله په ګوډ ګوډ روان وو.
Mercedes sat on the sled, and Hal gripped the long gee-pole.
مرسډیز په سلیج کې کښېناست، او هال اوږده جی پول په لاس کې ونیوه.
Charles stumbled behind, his steps clumsy and uncertain.
چارلس شاته وغورځېد، ګامونه یې بې خونده او ناڅرګند وو.
Thornton knelt by Buck and gently felt for broken bones.
تورنټن د باک تر څنګ زنګون وواهه او په نرمۍ سره یې د ماتو هډوکو احساس وکړ.
His hands were rough but moved with kindness and care.
لاسونه یې سخت وو خو په مهربانۍ او پاملرنې سره یې حرکت کاوه.
Buck's body was bruised but showed no lasting injury.
د باک بدن ټپونه وو خو دایمي ټپ یې نه درلود.
What remained was terrible hunger and near-total weakness.
هغه څه چې پاتې وو هغه سخته لوږه او تقریبا بشپړه کمزوري وه.
By the time this was clear, the sled had gone far downriver.
کله چې دا څرګنده شوه، سلیج ډېر بښکته سیند ته تللی و.
Man and dog watched the sled slowly crawl over the cracking ice.
سړي او سپي د یخ د درزیدو په سر د سلیج ورو ورو خښل ولیدل.
Then, they saw the sled sink down into a hollow.
بیا، دوی ولیدل چې سلیج په یوه کنده کې ډوب شو.
The gee-pole flew up, with Hal still clinging to it in vain.

د کیو قطب پورته پورته شو، هال لا هم بې کتې ودرېد.
Mercedes's scream reached them across the cold distance.
د مرسدیز چیغه د سړې فاصلې له لارې دوی ته ورسېده.
Charles turned and stepped back—but he was too late.
چارلس وګرځېد او شاته ولاړ - خو ډېر ناوخته و.
A whole ice sheet gave way, and they all dropped through.
یوه ټوله یخ پاڼه وغورځېده، او ټول یې وغورځېدل.
Dogs, sled, and people vanished into the black water below.
سپي، سلیج، او خلک لاندې تورو اوبو کې ورک شول.
Only a wide hole in the ice was left where they had passed.
په هغه ځای کې چې دوی تېر شوي وو یوازې په یخ کې یوه پراخه سوري پاتې وه.
The trail's bottom had dropped out—just as Thornton warned.
د لارې ښکته برخه غورځېدلې وه - لکه څنګه چې تورنټون خبرداری ورکړی و.
Thornton and Buck looked at one another, silent for a moment.
تورنټن او بک یو بل ته وکتل، د یوې شیبې لپاره چوپ وو.
"You poor devil," said Thornton softly, and Buck licked his hand.
تورنټن په نرمۍ سره وویل.ته بېچاره شیطانه، "او بک یې لاس څټ کړ.

For the Love of a Man
د یو سړي د مینې لپاره

John Thornton froze his feet in the cold of the previous December.

جان تورنټن د تیر دسمبر په یخنی کې خپلې پښې کنګل کړې.

His partners made him comfortable and left him to recover alone.

د هغه ملګرو هغه آرام کړ او هغه یې یوازې پریښود چې روغ شي.

They went up the river to gather a raft of saw-logs for Dawson.

دوی د سیند غاړې ته لاړل ترڅو د داوسن لپاره د لرګیو یوه بیړۍ راټوله کړي.

He was still limping slightly when he rescued Buck from death.

کله چې هغه بک له مرګ څخه وژغوره، هغه لا هم لږ څه ګوډ ګوډ روان و.

But with warm weather continuing, even that limp disappeared.

خو د ګرمې هوا په دوام سره، هغه نرمښت هم ورک شو.

Lying by the riverbank during long spring days, Buck rested.

د پسرلي په اوږدو ورځو کې د سیند په غاړه پروت، باک استراحت کاوه.

He watched the flowing water and listened to birds and insects.

هغه بهېدونکي اوبه وکتلې او د مرغیو او حشراتو غږ یې واورېد.

Slowly, Buck regained his strength under the sun and sky.

ورو ورو، باک د لمر او اسمان لاندې خپل ځواک بیرته ترلاسه کړ.

A rest felt wonderful after traveling three thousand miles.

د درې زره میله سفر وروسته آرام ډېر ښه احساس شو.

Buck became lazy as his wounds healed and his body filled out.

باک سست شو ځکه چې د هغه ټپونه روغ شول او بدن یې ډک شو.

His muscles grew firm, and flesh returned to cover his bones.

د هغه عضلات قوي شول، او غوښه بیرته راغله او هډوکي یې پوښل.

They were all resting—Buck, Thornton, Skeet, and Nig.

دوی تول استراحت کاوه — باک، تورنتن، سکیټ، او نیګ.
They waited for the raft that was going to carry them down to Dawson.
دوی د هغه بیړۍ انتظار کاوه چې دوی به ډاوسن ته وړي.
Skeet was a small Irish setter who made friends with Buck.
سکیټ یو کوچنی ایرلینډي سیټر و چې له بک سره یې ملګرتیا وکړه.
Buck was too weak and ill to resist her at their first meeting.
باک ډېر کمزوری او ناروغ و چې په لومړۍ ناسته کې یې مقاومت ونه کړ.
Skeet had the healer trait that some dogs naturally possess.
سکیټ هغه شفا ورکوونکې ځانګړتیا درلوده چې ځینې سپي یې په طبیعي ډول لري.
Like a mother cat, she licked and cleaned Buck's raw wounds.
د مور پیشو په څیر، هغې د باک خام ټپونه چاټ کړل او پاک کړل.
Every morning after breakfast, she repeated her careful work.
هره سهار د ناشتې وروسته، هغې خپل محتاط کار تکرار کړ.
Buck came to expect her help as much as he did Thornton's.
باک د تورنتون په څېر د هغې د مرستې تمه درلوده.
Nig was friendly too, but less open and less affectionate.
نګ هم دوستانه و، خو لږ خلاص او لږ مینه ناک و.
Nig was a big black dog, part bloodhound and part deerhound.
نګ یو لوی تور سپی و، یوه برخه یې د وینې ښکار او یوه برخه یې د هوسۍ ښکار وه.
He had laughing eyes and endless good nature in his spirit.
هغه خندونکې سترګې او په روح کې یې بې پایه ښه طبیعت درلود.
To Buck's surprise, neither dog showed jealousy toward him.
د باک د حیرانتیا لپاره، هیڅ سپي د هغه په وړاندې کینه ونه ښوده.
Both Skeet and Nig shared the kindness of John Thornton.
سکیټ او نیګ دواړو د جان تورنتن مهربانۍ شریکه کړه.
As Buck got stronger, they lured him into foolish dog games.
لکه څنګه چې بک پیاوړی شو، دوی هغه د سپو احمقانه لوبو ته وهڅول.
Thornton often played with them too, unable to resist their joy.

تورنتن ډېرى وخت د دوى سره لوبې کولې، او د دوى د خوښى مقاومت يې نشو کولی.
In this playful way, Buck moved from illness to a new life.
په دې خوندور ډول، باک له ناروغۍ څخه نوي ژوند ته لاړ.
Love—true, burning, and passionate love—was his at last.
مينه - ريښتيني، سوځيدونکې، او جذباتي مينه - بالاخره د هغه وه.
He had never known this kind of love at Miller's estate.
هغه هيڅکله د ميلر په جايداد کې دا ډول مينه نه وه ليدلې.
With the Judge's sons, he had shared work and adventure.
د قاضي د زامنو سره، هغه کار او ساهسک شريک کړی و.
With the grandsons, he saw stiff and boastful pride.
د لمسيانو سره، هغه سخت او مغرور غرور وليد.
With Judge Miller himself, he had a respectful friendship.
هغه پخپله د قاضي ميلر سره يوه درناوي وړ ملګرتيا درلوده.
But love that was fire, madness, and worship came with Thornton.
خو مينه چې اور، ليونتوب او عبادت وو د تورنتن سره راغله.
This man had saved Buck's life, and that alone meant a great deal.
دې سړي د باک ژوند وژغوره، او يوازې دا ډېر مهم و.
But more than that, John Thornton was the ideal kind of master.
خو له دې څخه زيات، جان تورنتن د مثالي ډول ماسټر وو.
Other men cared for dogs out of duty or business necessity.
نورو نارينه وو د دندې يا سوداګريزې اړتيا له مخې د سپيو پالنه کوله.
John Thornton cared for his dogs as if they were his children.
جان تورنتن د خپلو سپو پالنه داسې کوله لکه څنګه چې د هغه ماشومان وي.
He cared for them because he loved them and simply could not help it.
هغه د دوى پاملرنه کوله ځکه چې هغه ورسره مينه درلوده او په ساده ډول يې مرسته نشو کولی.
John Thornton saw even further than most men ever managed to see.

جان تورنتن د هغه څه څخه ډیر څه ولیدل چې ډیری نارینه یې هیڅکله نشي لیدلی.
He never forgot to greet them kindly or speak a cheering word.
هغه هیڅکله هیر نه کړ چې هغوی ته په مهربانی سره سلام وکړي یا د خوښی کلمه ووایي.
He loved sitting down with the dogs for long talks, or "gassy," as he said.
هغه د سپو سره د اوږدو خبرو اترو لپاره ناست خوښاوه، یا لکه څنګه چې "هغه وویل "ګیسي.
He liked to seize Buck's head roughly between his strong hands.
هغه خوښېده چې د باک سر په خپلو قوي لاسونو کې په کلکه ونیسي.
Then he rested his own head against Buck's and shook him gently.
بیا یې خپل سر د باک په سر کېښود او په نرمی سره یې وخوځاوه.
All the while, he called Buck rude names that meant love to Buck.
په دې ټولو وختونو کې، هغه باک ته بد نومونه ویل چې د باک لپاره د مینې معنی لري.
To Buck, that rough embrace and those words brought deep joy.
د باک لپاره، هغه سخت غیږ او دې خبرو ژوره خوښي راوړه.
His heart seemed to shake loose with happiness at each movement.
د هغه زړه په هر حرکت کې د خوښی څخه لړزېده.
When he sprang up afterward, his mouth looked like it laughed.
کله چې هغه وروسته پورته شو، نو خوله یې داسې ښکاریده لکه خندل.
His eyes shone brightly and his throat trembled with unspoken joy.
سترګې یې په روښانه ډول ځلېدلې او ستونی یې د ناڅرګندې خوښی له امله لړزېده.
His smile stood still in that state of emotion and glowing affection.
د هغه موسکا د احساساتو او ځلیدونکي مینې په حالت کې ولاړه وه.

Then Thornton exclaimed thoughtfully, "God! he can almost speak!"

بیا تورنتن په سوچ سره وویل-خدایه" .هغه تقریبا خبرې کولی شي ."

Buck had a strange way of expressing love that nearly caused pain.

باک د مینې د څرګندولو یوه عجیبه لاره درلوده چې تقریبا یې درد درلود.

He often griped Thornton's hand in his teeth very tightly.

هغه ډیری وخت د تورنتن لاس په خپلو غاښونو کې ډېر ټینګ نیولی و.

The bite was going to leave deep marks that stayed for some time after.

چیچلو به ژورې نښې پرېښودې چې د یو څه وخت لپاره وروسته پاتې شوې.

Buck believed those oaths were love, and Thornton knew the same.

باک باور درلود چې دا قسمونه مینه وه، او تورنتن هم دا خبره پوهیده.

Most often, Buck's love showed in quiet, almost silent adoration.

ډیری وختونه، د باک مینه په خاموش، تقریبا خاموش عبادت کې ښکاره شوه.

Though thrilled when touched or spoken to, he did not seek attention.

که څه هم کله چې لمس کېده یا ورسره خبرې کېدې نو ډېر خوشحاله کېده، خو پاملرنه یې نه غوښتله.

Skeet nudged her nose under Thornton's hand until he petted her.

سکیټ خپله پوزه د تورنتن د لاس لاندې ټینګه کړه تر هغه چې هغه یې په لاس کې ونیوه.

Nig walked up quietly and rested his large head on Thornton's knee.

نګ په خاموشۍ سره پورته شو او خپل لوی سر یې د تورنتن په زنګون کېښود.

Buck, in contrast, was satisfied to love from a respectful distance.

برعکس، باک د درناوي وړ واټن څخه په مینه کولو راضي و.

He lied for hours at Thornton's feet, alert and watching closely.

هغه د تورنتن پښو ته په ساعتونو ساعتونو دروغ وويل، هوښيار او له نږدې يې څارل.
Buck studied every detail of his master's face and slightest motion.
باک د خپل مالک د مخ هر جزئيات او لږ حرکت مطالعه کړ.
Or lied farther away, studying the man's shape in silence.
يا لرې پروت و، په خاموشۍ سره د سړي شکل مطالعه کول.
Buck watched each small move, each shift in posture or gesture.
باک هر کوچنی حرکت، د حالت يا اشارې هر بدلون څاره.
So powerful was this connection that often pulled Thornton's gaze.
دا اړيکه دومره قوي وه چې ډيری وخت به يې د تورنتن سترګې ځان ته اړولې.
He met Buck's eyes with no words, love shining clearly through.
هغه د باک سترګو ته پرته له خبرو وکتل، مينه يې په څرګنده توګه ځليده.
For a long while after being saved, Buck never let Thornton out of sight.
د ژغورل کېدو وروسته د اوږدې مودې لپاره، باک هيڅکله تورنتن له سترګو پټ نه کړ.
Whenever Thornton left the tent, Buck followed him closely outside.
هر کله چې تورنتن له خيمې ووت، باک به يې له نږدې تعقيباوه.
All the harsh masters in the Northland had made Buck afraid to trust.
په شمالي لينډ کې ټولو سختو بادارانو باک د باور کولو څخه ويره درلوده.
He feared no man could remain his master for more than a short time.
هغه وېرېده چې هيڅ سړی د لنډ وخت څخه زيات د هغه مالک نشي پاتې کېدای.
He feared John Thornton was going to vanish like Perrault and François.
هغه ويره درلوده چې جان تورنتن به د پيرولټ او فرانسوا په څير ورک شي.
Even at night, the fear of losing him haunted Buck's restless sleep.

حتی د شپې، د هغه د لاسه ورکولو ویره د باک بې خوبه خوب څوروي.
When Buck woke, he crept out into the cold, and went to the tent.
کله چې باک له خوبه راویښ شو، هغه په یخنۍ کې راووت او خیمې ته لاړ.
He listened carefully for the soft sound of breathing inside.
هغه د دننه د تنفس نرم غږ ته په دقت سره غوږ ونیو.
Despite Buck's deep love for John Thornton, the wild stayed alive.
سره له دې چې د جان تورنتن سره د بک ژوره مینه وه، خو وحشي ژوندی پاتې شو.
That primitive instinct, awakened in the North, did not disappear.
هغه ابتدايي غریزه، چې په شمال کې را ویښ شوه، ورکه نه شوه.
Love brought devotion, loyalty, and the fire-side's warm bond.
مینې عقیدت، وفاداري، او د اور د غاړې ګرمه اړیکه راوړه.
But Buck also kept his wild instincts, sharp and ever alert.
خو باک هم خپل وحشي غریزونه، تیز او تل هوښیار ساتل.
He was not just a tamed pet from the soft lands of civilization.
هغه یوازې د تمدن د نرمو ځمکو څخه یو پالل شوی څاروی نه و.
Buck was a wild being who had come in to sit by Thornton's fire.
باک یو وحشي مخلوق وو چې د تورنتن د اور تر څنګ کېناست.
He looked like a Southland dog, but wildness lived within him.
هغه د ساوت لینډ سپي په څیر ښکاریده، مګر وحشیتوب یې دننه ژوند کاوه.
His love for Thornton was too great to allow theft from the man.
د تورنتن سره د هغه مینه دومره زیاته وه چې د سړي څخه یې غلا ته اجازه نه ورکوله.
But in any other camp, he would steal boldly and without pause.
خو په بل هر کمپ کې به هغه په زړورتیا او پرته له ځنډه غلا کوله.

He was so clever in stealing that no one could catch or accuse him.

هغه په غلا کې دومره هوښیار و چې هیڅوک یې نشو نیولی یا یې تورنولی نشي.

His face and body were covered in scars from many past fights.

د هغه مخ او بدن د ډیرو تیرو جګړو له امله په ټپونو پوښل شوي وو.

Buck still fought fiercely, but now he fought with more cunning.

باک لا هم په کلکه جګړه کوله، خو اوس یې په ډیر هوښیارۍ سره جګړه وکړه.

Skeet and Nig were too gentle to fight, and they were Thornton's.

سکیټ او نګ د جګړې لپاره ډیر نرم وو، او دوی د تورنټن وو.

But any strange dog, no matter how strong or brave, gave way.

خو هر عجیب سپی، که هر څومره قوي یا زړور وي، لاره یې ورکړه.

Otherwise, the dog found itself battling Buck; fighting for its life.

که نه نو، سپی ځان د بک سره په جګړه کې وموند؛ د خپل ژوند لپاره مبارزه کوي.

Buck had no mercy once he chose to fight against another dog.

کله چې باک د بل سپي سره د جګړې پریکړه وکړه، نو هغه هیڅ رحم ونه کړ.

He had learned well the law of club and fang in the Northland.

هغه په شمالي لینډ کې د کلب او فنګ قانون ښه زده کړی و.

He never gave up an advantage and never backed away from battle.

هغه هیڅکله هم ګټه له لاسه ورنکړه او هیڅکله یې له جګړې څخه شاته نه شو.

He had studied Spitz and the fiercest dogs of mail and police.

هغه د سپیټز او د پوستي او پولیسو تر ټولو وحشي سپو په اړه زده کړه کړې وه.

He knew clearly there was no middle ground in wild combat.

هغه په څرګنده توګه پوهیده چې په وحشي جګړه کې هیڅ منځنی لاره نشته.

He must rule or be ruled; showing mercy meant showing weakness.

هغه باید حکومت وکړي یا واکمن شي؛ د رحم ښودلو معنی د کمزورۍ ښودل دي.

Mercy was unknown in the raw and brutal world of survival.

رحم د بقا په خام او ظالمانه نړۍ کې نامعلوم و.

To show mercy was seen as fear, and fear led quickly to death.

رحم ښودل د وېرې په توګه ګڼل کېده، او وېره په چټکۍ سره د مرګ لامل کېده.

The old law was simple: kill or be killed, eat or be eaten.

زوړ قانون ساده وو-ووژنئ یا ووژل شئ، وخورئ یا وخوړل شئ -

That law came from the depths of time, and Buck followed it fully.

دا قانون د وخت له ژورو څخه راغلی و، او بک په بشپړ ډول دا تعقیب کړ.

Buck was older than his years and the number of breaths he took.

باک د خپلو کلونو او د هغو ساه اخیستلو شمیر څخه لوی و.

He connected the ancient past with the present moment clearly.

هغه په څرګنده توګه لرغونی ماضي له اوسني شیبې سره وصل کړ.

The deep rhythms of the ages moved through him like the tides.

د زمانو ژور تالونه د څپو په څېر په هغه کې ګرځېدل.

Time pulsed in his blood as surely as seasons moved the earth.

وخت د هغه په وینه کې داسې چټک حرکت کاوه لکه څنګه چې فصلونه ځمکه خوځوي.

He sat by Thornton's fire, strong-chested and white-fanged.

هغه د تورنتن د اور تر څنګ ناست و، قوي سینه او سپین غاښونه یې درلودل.

His long fur waved, but behind him the spirits of wild dogs watched.

د هغه اوږده وېښتان ښورېدل، خو تر شا يې د وحشي سپو روحونه څارل.

Half-wolves and full wolves stirred within his heart and senses.

نيم ليوان او بشپړ ليوان د هغه په زړه او حواسو کې ولړزېدل.

They tasted his meat and drank the same water that he did.

هغوی د هغه غوښه وڅکله او هماغه اوبه يې وڅښلې چې هغه يې څښلې.

They sniffed the wind alongside him and listened to the forest.

دوی د هغه تر څنګ باد بوی کړ او د ځنګل غږ يې واورېد.

They whispered the meanings of the wild sounds in the darkness.

دوی په تياره کې د وحشي غږونو معنی په غوږونو کې ووهله.

They shaped his moods and guided each of his quiet reactions.

دوی د هغه مزاج ته شکل ورکړ او د هغه هر خاموش غبرګون يې رهبري کړ.

They lay with him as he slept and became part of his deep dreams.

کله چې هغه ويده شو، دوی ورسره ويده شول او د هغه د ژورو خوبونو برخه شوه.

They dreamed with him, beyond him, and made up his very spirit.

دوی د هغه سره، له هغه هاخوا خوبونه ليدل، او د هغه روح يې جوړ کړ.

The spirits of the wild called so strongly that Buck felt pulled.

د وحشي روحونو غږ دومره زورور و چې باک د کشولو احساس وکړ.

Each day, mankind and its claims grew weaker in Buck's heart.

د هرې ورځې په تېرېدو سره، د باک په زړه کې انسان او د هغه ادعاوې کمزورې کېدې.

Deep in the forest, a strange and thrilling call was going to rise.

د ځنګله په ژوره کې، يو عجيب او په زړه پورې غږ پورته کېده.

Every time he heard the call, Buck felt an urge he could not resist.

هر کله چې به هغه زنګ واورېد، باک به یو داسې خواهش احساس کړ چې هغه یې مقاومت نشو کولی۔
He was going to turn from the fire and from the beaten human paths.
هغه به د اور او د وهل شویو انسانانو له لارو څخه مخ واړوي۔
He was going to plunge into the forest, going forward without knowing why.
هغه غوښتل چې ځنګله ته وغورځېږي، پرته له دې چې پوه شي ولې مخکې لاړ شي۔
He did not question this pull, for the call was deep and powerful.
هغه د دې کشش په اړه پوښتنه ونه کړه، ځکه چې زنګ ژور او پیاوړی و۔
Often, he reached the green shade and soft untouched earth
ډیری وخت، هغه شنه سیوري او نرمې نه لمس شوې ځمکې ته ورسید
But then the strong love for John Thornton pulled him back to the fire.
خو بیا د جان تورنټن سره قوي مینې هغه بیرته اور ته راواړوه۔
Only John Thornton truly held Buck's wild heart in his grasp.
یوازې جان تورنټون په ریښتیا سره د باک وحشي زړه په خپل منګولو کې ساتلی و۔
The rest of mankind had no lasting value or meaning to Buck.
د انسانانو پاتې برخه د باک لپاره هیڅ تلپاتې ارزښت یا معنی نه درلوده۔
Strangers might praise him or stroke his fur with friendly hands.
نا اشنا خلک ممکن د هغه ستاینه وکړي یا د دوستانه لاسونو سره د هغه ویښتان وخوري۔
Buck remained unmoved and walked off from too much affection.
باک بې حرکته پاتې شو او د ډېرې مینې له امله لاړ۔
Hans and Pete arrived with the raft that had long been awaited
هانس او پیټ د هغه بېړۍ سره راغلل چې له ډېرې مودې راهیسې یې انتظار کېده۔

Buck ignored them until he learned they were close to Thornton.

باک دوی له پامه وغورځول تر هغه چې پوه شو چې دوی تورنتن ته نږدې دي۔

After that, he tolerated them, but never showed them full warmth.

له هغې وروسته، هغه هغوی زغمل، خو هیڅکله یې پوره تودوخه ونه ښوده۔

He took food or kindness from them as if doing them a favor.

هغه له هغوی څخه خواړه یا مهرباني واخیسته لکه څنګه چې یې پر هغوی احسان کاوه۔

They were like Thornton—simple, honest, and clear in thought.

دوی د تورنتن په څیر وو - ساده، صادق، او په فکر کې روښانه۔

All together they traveled to Dawson's saw-mill and the great eddy

ټول یوځای د ډاوسن د اره کارخانې او لوی ایډي ته سفر وکړ

On their journey the learned to understand Buck's nature deeply.

په خپل سفر کې دوی د باک طبیعت په ژوره توګه پوهیدل زده کړل۔

They did not try to grow close like Skeet and Nig had done.

دوی هڅه ونه کړه چې د سکیټ او نیګ په څیر نږدې شي۔

But Buck's love for John Thornton only deepened over time.

خو د جان تورنتن سره د باک مینه د وخت په تیریدو سره ژوره شوه۔

Only Thornton could place a pack on Buck's back in the summer.

یوازې تورنتون کولی شوای چې په دوبي کې د باک په شا باندې یوه کڅوړه کېږدي۔

Whatever Thornton commanded, Buck was willing to do fully.

هر هغه څه چې تورنتون امر کاوه، باک په بشپړ ډول د ترسره کولو لپاره چمتو و۔

One day, after they left Dawson for the headwaters of the Tanana,

یوه ورځ، وروسته له هغه چې دوی د تانانا سیند د سر اوبو ته د ډاوسن څخه ووتل،

the group sat on a cliff that dropped three feet to bare bedrock.

ډله په يوه ډبره کې ناسته وه چې درې فوټه ښکته شوه او ډبره يې خلاصه شوه.

John Thornton sat near the edge, and Buck rested beside him.

جان تورنټن د څنډې ته نږدې ناست و، او بک د هغه تر څنګ استراحت وکړ.

Thornton had a sudden thought and called the men's attention.

تورنټن ناڅاپه يو فکر وکړ او د سړيو پام يې راواړاوه.

He pointed across the chasm and gave Buck a single command.

هغه د کندې له بلې خوا اشاره وکړه او بک ته يې يو واحد امر ورکړ.

"Jump, Buck!" he said, swinging his arm out over the drop.

ټوپ کړه، بک".هغه وويل، خپل لاس يې د ځاځکي په سر وخوځاوه ".

In a moment, he had to grab Buck, who was leaping to obey.

په يوه شيبه کې، هغه بايد باک ونيسي، چې د اطاعت لپاره يې ټوپ وهلی و.

Hans and Pete rushed forward and pulled both back to safety.

هانس او پيټ مخ په وړاندې منډه کړه او دواړه يې بيرته خوندي ځای ته راوستل.

After all ended, and they had caught their breath, Pete spoke up.

وروسته له هغه چې هرڅه پای ته ورسېدل، او دوی ساه واخيسته، پيټ خبرې وکړې.

"The love's uncanny," he said, shaken by the dog's fierce devotion.

مينه عجيبه ده، "هغه وويل، د سپي د سختې عقيدې څخه تکان وخوړ".

Thornton shook his head and replied with calm seriousness.

تورنټون سر وخوځاوه او په ارام جديت سره يې ځواب ورکړ.

"No, the love is splendid," he said, "but also terrible."

نه، مينه ډېره ښکلې ده، "هغه وويل، "خو ډېره بده هم ده".

"Sometimes, I must admit, this kind of love makes me afraid."

کله ناکله، زه بايد اعتراف وکړم، دا ډول مينه ما ويره راکوي".

Pete nodded and said, “I’d hate to be the man who touches you.”
پیټ سر وخوځاوه او ویې ویل، "زه به له هغه سړي څخه کرکه وکړم چې تاته لاس اچوي."
He looked at Buck as he spoke, serious and full of respect.
هغه د خبرو کولو پر مهال بک ته وکتل، جدي او له درناوي ډک.
“Py Jingo!” said Hans quickly. “Me either, no sir.”
پای جینګو"۔هانس په چټکۍ سره وویل "زه هم، نه صاحب" ."

Before the year ended, Pete’s fears came true at Circle City.
د کال پای ته رسیدو دمخه، د پیټ ویره په سرکل ښار کې ریښتیا شوه.
A cruel man named Black Burton picked a fight in the bar.
د بلیک برټن په نوم یو ظالم سړي په بار کې جګړه غوره کړه.
He was angry and malicious, lashing out at a new tenderfoot.
هغه په غوسه او کرکه لرونکی و، په یوه نوي نرم پښه یې ګوزار وکړ.
John Thornton stepped in, calm and good-natured as always.
جان تورنټن دننه راغی، د تل په څیر ارام او ښه طبیعت درلود.
Buck lay in a corner, head down, watching Thornton closely.
باک په یوه کونج کې پروت و، سر یې ښکته و، تورنټن یې له نږدې څاره.
Burton suddenly struck, his punch sending Thornton spinning.
برټن ناڅاپه وواهه، د هغه ګوزار تورنټن ته وګرځاوه.
Only the bar’s rail kept him from crashing hard to the ground.
یوازې د بار پټلۍ هغه د ځمکې سره د سختې ټکر څخه وساته.
The watchers heard a sound that was not bark or yelp
څارونکو یو غږ واورېد چې نه د غاپلې او نه د چیغې وهلو غږ و.
a deep roar came from Buck as he launched toward the man.
کله چې د سړي په لور روان شو، د باک څخه یو ژور شور راغی.
Burton threw his arm up and barely saved his own life.
برټن خپل لاس پورته کړ او په سختۍ سره یې خپل ژوند وژغوره.
Buck crashed into him, knocking him flat onto the floor.
باک ورسره ټکر وکړ، او هغه یې په فرش وغورځاوه.
Buck bit deep into the man’s arm, then lunged for the throat.

باک د سري په لاس کي ژوره خوله ولګوله، بیا یي د ستوني لپاره توپ
وواهه.

Burton could only partly block, and his neck was torn open.

برتن یوازي په جزوي ډول بندولی شو، او غاړه یي پري شوي وه.

Men rushed in, clubs raised, and drove Buck off the
bleeding man.

سړي ورغلل، ډنډي یي پورته کړي، او بک یي د وینی بهیدونکي سړي
څخه وشړلو.

A surgeon worked quickly to stop the blood from flowing
out.

یو جراح په چټکی سره کار وکړ ترڅو د وینی بهیدل ودروي.

Buck paced and growled, trying to attack again and again.

باک سرعت وکړ او ګرنګ یي وکړ، هڅه یي کوله چي بیا بیا برید وکړي.

Only swinging clubs kept him back from reaching Burton.

یوازي د څرخبدو کلبونو هغه د برتن ته د رسیدو مخه ونیوله.

A miners' meeting was called and held right there on the
spot.

د کان کیندونکو یوه غونډه راوبلل شوه او په هماغه ځای کي جوړه شوه.

They agreed Buck had been provoked and voted to set him
free.

دوی ومنله چي بک پارول شوی و او د هغه د خوشي کولو لپاره یي رایه
ورکړه.

But Buck's fierce name now echoed in every camp in Alaska.

خو د باک وحشتناک نوم اوس د الاسکا په هر کمپ کي غږیږي.

Later that fall, Buck saved Thornton again in a new way.

وروسته په مني کي، بک تورنتن بیا په یوه نوي ډول وژغوره.

The three men were guiding a long boat down rough rapids.

درې سړي د سختو څپو په اوردو کي یوه اوږده کښتی رهبري کوله.

Thornton maned the boat, calling directions to the shoreline.

تورنتن کښتی چلوله، او ساحل ته یي لارښوونی کولی.

Hans and Pete ran on land, holding a rope from tree to tree.

هانس او پیت په ځمکه منډه کړه، له یوي وني څخه بلي وني ته یي رسی
ونیوله.

Buck kept pace on the bank, always watching his master.

باک د سیند په غاړه حرکت کاوه، تل یي خپل مالک ته کتل.

At one nasty place, rocks jutted out under the fast water.

په یوه ناوړه ځای کې، ډبرې د ګړندیو اوبو لاندې راوتلې وې.
Hans let go of the rope, and Thornton steered the boat wide.
هانس رسۍ پرېښوده، او تورنتون کښتۍ پراخه کړه.
Hans sprinted to catch the boat again past the dangerous rocks.
هانس د خطرناکو ډبرو څخه تېر شو او بیا یې د کښتۍ د نیولو لپاره منډې ووهلې.
The boat cleared the ledge but hit a stronger part of the current.
کښتۍ د څنډې څخه پاکه شوه خو د جریان یوې قوي برخې سره ټکر شوه.
Hans grabbed the rope too quickly and pulled the boat off balance.
هانس ډېر ژر رسۍ ونیوه او کښتۍ یې له توازن څخه وویسته.
The boat flipped over and slammed into the bank, bottom up.
کښتۍ څپېړه شوه او د غاړې سره ټکر شوه، ښکته پورته.
Thornton was thrown out and swept into the wildest part of the water.
تورنتن بهر وغورځول شو او د اوبو تر ټولو وحشي برخې ته وغورځول شو.
No swimmer could have survived in those deadly, racing waters.
په دې وژونکو، ځغلونکو اوبو کې هیڅ لامبو وهونکی ژوندی نه شو پاتې کېدای.
Buck jumped in instantly and chased his master down the river.
باک سمدلاسه ټوپ وواهه او خپل بادار یې د سیند لاندې تعقیب کړ.
After three hundred yards, he reached Thornton at last.
له درې سوه متره واټن وروسته، هغه بالاخره تورنتن ته ورسېد.
Thornton grabbed Buck's tail, and Buck turned for the shore.
تورنتون د باک لکۍ ونیوله، او باک د ساحل په لور وګرځېد.
He swam with full strength, fighting the water's wild drag.
هغه په بشپړ ځواک سره لامبو وهله، د اوبو له وحشي کشش سره یې مبارزه وکړه.
They moved downstream faster than they could reach the shore.

دوی د سیند د لاندې برخې ته په چټکۍ سره حرکت وکړ تر هغه چې ساحل ته ونه رسیږي.
Ahead, the river roared louder as it fell into deadly rapids.
مخکې، سیند په لوړ غږ سره شور کاوه ځکه چې دا په وژونکو چټکو څپو کې ولوېد.
Rocks sliced through the water like the teeth of a huge comb.
ډبرې د اوبو له لارې د یوې لویې کنګبنې د غاښونو په څیر توټې توټې شوې.
The pull of the water near the drop was savage and inescapable.
د ځاځکي ته نږدې د اوبو کشش وحشي او حتمي و.
Thornton knew they could never make the shore in time.
تورنتن پوهیده چې دوی هیڅکله په وخت سره ساحل ته نشي رسیدلی.
He scraped over one rock, smashed across a second,
،هغه په یوه ډبره کې توټه توټه کړه، په یوه ثانیه کې یې توټه توټه کړه
And then he crashed into a third rock, grabbing it with both hands.
او بیا هغه په دریم ډبره ولګېد، او په دواړو لاسونو یې ونیو.
He let go of Buck and shouted over the roar, "Go, Buck! Go!"
هغه باک پرېښود او د شور په غږ یې وویل-لاړ شه، باک" -لاړ شه-"
Buck could not stay afloat and was swept down by the current.
باک نشو کولی چې په اوبو کې پاتې شي او د اوبو د څپو له امله ډوبه شو.
He fought hard, struggling to turn, but made no headway at all.
هغه سخته مبارزه وکړه، د ګرځېدو لپاره یې مبارزه وکړه، خو هیڅ پرمختګ یې ونه کړ.
Then he heard Thornton repeat the command over the river's roar.
بیا یې واورېدل چې تورنتون د سیند د شور په سر امر تکراروي.
Buck reared out of the water, raised his head as if for a last look.
باک له اوبو څخه راووت، سر یې پورته کړ لکه د وروستي ځل لپاره چې وګوري.
then turned and obeyed, swimming toward the bank with resolve.

بیا یې مخ واړاوه او اطاعت یې وکړ، په هوډ سره د سیند په لور لامبو وواهه.
Pete and Hans pulled him ashore at the final possible moment.
پیټ او هانس هغه په وروستۍ ممکنه شیبه کې ساحل ته راښکته کړ.
They knew Thornton could cling to the rock for only minutes more.
دوی پوهېدل چې تورنټن یوازې د څو دقیقو لپاره په ډبره پورې ترلی شي.
They ran up the bank to a spot far above where he was hanging.
دوی بانک ته پورته شول او هغه ځای ته یې پورته کړه چې هغه پکې ځړېدلی و.
They tied the boat's line to Buck's neck and shoulders carefully.
دوی د کښتۍ تار د باک په غاړه او اوږو پورې په احتیاط سره وتړلو.
The rope was snug but loose enough for breathing and movement.
رسۍ کلکه وه خو د تنفس او حرکت لپاره کافي خلاصه وه.
Then they launched him into the rushing, deadly river again.
بیا یې هغه بیا په تېز او وژونکي سیند کې وغورځاوه.
Buck swam boldly but missed his angle into the stream's force.
باک په زړورتیا سره لامبو وواهه خو د سیند په زور کې یې خپله زاویه له لاسه ورکړه.
He saw too late that he was going to drift past Thornton.
هغه ډېر ناوخته ولیدل چې هغه به د تورنټون څخه تېر شي.
Hans jerked the rope tight, as if Buck were a capsizing boat.
هانس رسۍ داسې ټینګه کړه لکه بک چې یوه ډوبه کښتۍ وي.
The current pulled him under, and he vanished below the surface.
د اوبو جریان هغه لاندې کش کړ، او هغه د سطحې لاندې ورک شو.
His body struck the bank before Hans and Pete pulled him out.
د هغه جسد د سیند سره ولګېد مخکې لدې چې هانس او پیټ هغه راوباسي.

He was half-drowned, and they pounded the water out of him.

هغه نیم ډوب شوی و، او هغوی له هغه څخه اوبه وبهولې.

Buck stood, staggered, and collapsed again onto the ground.

باک ولاړ و، ټکان وخوړ، او بیا په ځمکه ولوېد.

Then they heard Thornton's voice faintly carried by the wind.

بیا دوی د تورنټن غږ واورېد چې د باد له خوا په سپک ډول لیږدول شوی و.

Though the words were unclear, they knew he was near death.

که څه هم الفاظ یې روښانه نه وو، خو دوی پوهېدل چې هغه مرګ ته نږدې دی.

The sound of Thornton's voice hit Buck like an electric jolt.

د تورنټن د غږ غږ په بک باندې د برېښنا د ټکان په څېر ولګېد.

He jumped up and ran up the bank, returning to the launch point.

هغه ټوپ کړ او بانک ته یې منډه کړه، او د لانچ ځای ته راستون شو.

Again they tied the rope to Buck, and again he entered the stream.

بیا یې رسی د باک سره وتړله، او هغه بیا ویالې ته ننوتل.

This time, he swam directly and firmly into the rushing water.

دا ځل، هغه په مستقیم او ټینګ ډول په ګړندی اوبو کې لامبو وواهه.

Hans let out the rope steadily while Pete kept it from tangling.

هانس رسی په دوامداره توګه خوشې کړه پداسې حال کې چې پیټ یې د ګډوډۍ څخه ساتله.

Buck swam hard until he was lined up just above Thornton.

باک ډېر لامبو وهله تر هغه چې د تورنټن پورته په قطار کې ودرول شو.

Then he turned and charged down like a train in full speed.

بیا هغه وګرځېد او د اورګاډي په څېر په بشپړ سرعت سره ښکته شو.

Thornton saw him coming, braced, and locked arms around his neck.

تورنټون هغه ولید چې راځي، ځان یې ونیو او لاسونه یې د غاړې شاوخوا وتړل.

Hans tied the rope fast around a tree as both were pulled under.

هانس رسی د یوې ونې شاوخوا په چټکۍ سره وتړله ځکه چې دواړه لاندې راښکته شول.

They tumbled underwater, smashing into rocks and river debris.

دوی د اوبو لاندې وغورځېدل، په ډبرو او د سیند په کثافاتو سره ټکر شول.

One moment Buck was on top, the next Thornton rose gasping.

یوه شیبه چې بک پورته و، بله شیبه تورنټن ساه واخیسته.

Battered and choking, they veered to the bank and safety.

وهل شوي او ساه بنده شوي، دوی بانک او خوندیتوب ته مخه کړه.

Thornton regained consciousness, lying across a drift log.

تورنټن بیرته هوش ته راغی، د یوې څنډې لرګي ته پروت و.

Hans and Pete worked him hard to bring back breath and life.

هانس او پیټ هغه ته د ساه او ژوند بیرته راوستلو لپاره سخت کار وکړ.

His first thought was for Buck, who lay motionless and limp.

د هغه لومړی فکر د بک په اړه و، چې بې حرکته او ګوډ پروت و.

Nig howled over Buck's body, and Skeet licked his face gently.

نګ د باک پر بدن چیغه کړه، او سکیټ یې په نرمۍ سره مخ څټ کړ.

Thornton, sore and bruised, examined Buck with careful hands.

تورنټن، چې ټپي او ټپي شوی و، په احتیاط سره یې باک معاینه کړ.

He found three ribs broken, but no deadly wounds in the dog.

هغه د سپي درې پښتې ماتې وموندلې، خو په سپي کې یې وژونکي ټپونه نه وو.

"That settles it," Thornton said. "We camp here." And they did.

تورنټن وویل-دا مسله حل کوي" .موږ دلته کمپ کوو" "-او دوی وکړل ".

They stayed until Buck's ribs healed and he could walk again.

دوی تر هغه وخته پورې پاتې شول چې د باک پسلی روغې شوې او هغه بیا گرځېدلی شو.

That winter, Buck performed a feat that raised his fame further.
په هغه ژمي کې، باک یوه داسې کارنامه ترسره کړه چې د هغه شهرت یې نور هم لوړ کړ.
It was less heroic than saving Thornton, but just as impressive.
دا د تورنتن د ژغورلو په پرتله لږ اتلولي وه، خو هغومره اغېزمنه وه.
At Dawson, the partners needed supplies for a distant journey.
په ډاوسن کې، شریکانو د لرې سفر لپاره اکمالاتو ته اړتیا درلوده.
They wanted to travel East, into untouched wilderness lands.
دوی غوښتل چې ختیځ ته سفر وکړي، په هغو سیمو کې چې لاس نه لري.
Buck's deed in the Eldorado Saloon made that trip possible.
د ایلډوراډو سالون کې د باک کار دا سفر ممکن کړ.
It began with men bragging about their dogs over drinks.
دا د نارینه وو سره پیل شو چې د څښاک په اړه یې د خپلو سپیو په اړه ویاړ کاوه.
Buck's fame made him the target of challenges and doubt.
د باک شهرت هغه د ننګونو او شکونو هدف وګرځاوه.
Thornton, proud and calm, stood firm in defending Buck's name.
تورنتن، ویاړلی او ارام، د باک د نوم په دفاع کې ټینګ ولاړ و.
One man said his dog could pull five hundred pounds with ease.
یو سړي وویل چې د هغه سپی په اسانۍ سره پنځه سوه پونده وزن پورته کولی شي.
Another said six hundred, and a third bragged seven hundred.
بل وویل شپږ سوه، او دریم یې اووه سوه لاپې وهلې.
"Pfft!" said John Thornton, "Buck can pull a thousand pound sled."
ففف"-جان تورنتن وویل، "بک کولی شي زر پونده سلیج راوباسي "-"

Matthewson, a Bonanza King, leaned forward and challenged him.

میتیوسن، د بونانزا پاچا، مخ په وړاندې تکیه وکړه او هغه ته یې ننګونه ورکړه.

"You think he can put that much weight into motion?"

"ته فکر کوې چې هغه دومره وزن په حرکت کې اچولی شي؟"

"And you think he can pull the weight a full hundred yards?"

"او ته فکر کوې چې هغه وزن پوره سل ګزه پورته کولی شي؟"

Thornton replied coolly, "Yes. Buck is dog enough to do it."

تورنتون په سړه سینه ځواب ورکړ، "هو-باک دومره سپی دی چې دا کار وکړي-"

"He'll put a thousand pounds into motion, and pull it a hundred yards."

هغه به زر پونده حرکت وکړي، او سل ګزه به یې کش کړي"-"

Matthewson smiled slowly and made sure all men heard his words.

میتیوسن ورو ورو موسکا وکړه او ډاډ یې ترلاسه کړ چې ټول خلک د هغه خبرې اوري-

"I've got a thousand dollars that says he can't. There it is."

زه زر ډالر لرم چې وایي هغه نشي کولی"دا هلته دی -"

He slammed a sack of gold dust the size of sausage on the bar.

هغه د ساسیج په اندازه د سرو زرو یوه کڅوړه په بار باندې وغورځوله.

Nobody said a word. The silence grew heavy and tense around them.

هیچا یوه خبره هم ونه کړه-د دوی شاوخوا چوپتیا درنه او کړکیچنه شوه -

Thornton's bluff—if it was one—had been taken seriously.

د تورنتون سپکاوی - که دا یو وو - په جدي توګه نیول شوی و-

He felt heat rise in his face as blood rushed to his cheeks.

هغه احساس کاوه چې په مخ کې یې تودوخه لوړه شوې او وینه یې ګالونو ته روانه شوه-

His tongue had gotten ahead of his reason in that moment.

په هغه شیبه کې د هغه ژبه د هغه له عقل څخه مخکې شوې وه-

He truly didn't know if Buck could move a thousand pounds.

هغه په ریښتیا نه پوهیده چې آیا بک زر پونده حرکت کولی شي-

Half a ton! The size of it alone made his heart feel heavy.

نیم ټن-یوازې د دې اندازې د هغه زړه دروند کړ.

He had faith in Buck's strength and had thought him capable.

هغه د باک په ځواک باور درلود او فکر يې کاوه چې هغه وړ دی.

But he had never faced this kind of challenge, not like this.

خو هغه هیڅکله له دې ډول ننګونې سره مخ نه و، نه داسې.

A dozen men watched him quietly, waiting to see what he'd do.

دولس سړي په خاموشۍ سره هغه ته کتل، په دې تمه چې هغه به څه وکړي.

He didn't have the money—neither did Hans or Pete.

هغه پیسې نه درلودې — نه هانس او نه پیټ.

"I've got a sled outside," said Matthewson coldly and direct.

میتیوسن په سړه سینه او مستقیم ډول وویل-زه بهر سلیج لرم" -"

"It's loaded with twenty sacks, fifty pounds each, all flour.

دا شل بوجۍ بار دي، هر یو پنځوس پونډه، ټول اوړه دي"-"

So don't let a missing sled be your excuse now," he added.

نو اوس د ورک شوي سلیج بهانه مه پریږدئ، "هغه زیاته کړه.

Thornton stood silent. He didn't know what words to offer.

تورنټن غلی ولاړ و-هغه نه پوهیده چې کوم الفاظ وړاندې کړي.

He looked around at the faces without seeing them clearly.

هغه شاوخوا مخونو ته وکتل پرته له دې چې په څرګنده توګه يې ووینې.

He looked like a man frozen in thought, trying to restart.

هغه د یو سړي په څیر ښکاریده چې په فکر کې کنګل شوی و، هڅه يې کوله چې بیا پیل وکړي.

Then he saw Jim O'Brien, a friend from the Mastodon days.

بیا يې جیم اوبراین ولید، چې د ماستودون د ورځو یو ملګری و.

That familiar face gave him courage he didn't know he had.

هغه پیژندل شوې څېرې هغه ته هغه جرئت ورکړ چې هغه يې نه پوهیده.

He turned and asked in a low voice, "Can you lend me a thousand?"

هغه مخ واړاوه او په ټیټ غږ يې وپوښتل، "ایا ته ماته زر ډالر پور "ورکولی شې؟

"Sure," said O'Brien, dropping a heavy sack by the gold already.

هو، "اوبراين وویل، د سرو زرو سره نږدې یې یوه درنه بوجی " غورځولی وه.
"But truthfully, John, I don't believe the beast can do this."
خو په رښتیا، جان، زه باور نه لرم چې حیوان دا کار کولی شي"-"
Everyone in the Eldorado Saloon rushed outside to see the event.
په ایلډورادو سالون کې ټول خلک د پیښې لیدو لپاره بهر ته ورغلل.
They left tables and drinks, and even the games were paused.
دوی مېزونه او څښاکونه پرېښودل، او حتی لوبې ودرول شوې.
Dealers and gamblers came to witness the bold wager's end.
سوداګر او قماربازان د دې زړور شرط پای لیدلو لپاره راغلل.
Hundreds gathered around the sled in the icy open street.
په سلګونو کسان د یخ وهلي خلاص سړک په شاوخوا کې د سلیج شاوخوا راټول شول.
Matthewson's sled stood with a full load of flour sacks.
د میتیوسن سلیج د اوړو د کڅوړو ډک بار سره ولاړ و.
The sled had been sitting for hours in minus temperatures.
سلیج د ساعتونو لپاره په منفي تودوخې کې ناست و.
The sled's runners were frozen tight to the packed-down snow.
د سلیج منده وهونکي د واورې له امله سخت کنګل شوي وو.
Men offered two-to-one odds that Buck could not move the sled.
سړیو دوه په یو چانس وړاندې کړ چې بک نشي کولی سلیج حرکت وکړي.
A dispute broke out about what "break out" really meant.
د "بریک آوټ "په اصل کې د څه معنی په اړه شخړه راپورته شوه.
O'Brien said Thornton should loosen the sled's frozen base.
اوبراین وویل چې تورنتون باید د سلیج کنګل شوی اساس خلاص کړي.
Buck could then "break out" from a solid, motionless start.
"بیا بک کولی شي د یوې قوي، بې حرکته پیل څخه "مات شي.
Matthewson argued the dog must break the runners free too.
میتیوسن استدلال وکړ چې سپی باید منده وهونکي هم آزاد کړي.
The men who had heard the bet agreed with Matthewson's view.

هغه سړي چې شرط يې اوريدلی و د ميتيوسن له نظر سره موافق وو.
With that ruling, the odds jumped to three-to-one against Buck.
د دې پريکړې سره، د باک په وړاندې چانس درې پر يو ته پورته شو.
No one stepped forward to take the growing three-to-one odds.
هيڅوک د درې پر يو د زياتوالي احتمال د منلو لپاره مخکې لاړ نه شول.
Not a single man believed Buck could perform the great feat.
هيڅ يو سړي باور نه کاوه چې بک به دا لويه بريا ترسره کړي.
Thornton had been rushed into the bet, heavy with doubts.
تورنتن په بيړه شرط ته ننوتلی و، او له شکونو ډک و.
Now he looked at the sled and the ten-dog team beside it.
اوس يې سليج او د هغې تر څنګ د لسو سپيو ټيم ته وکتل.
Seeing the reality of the task made it seem more impossible.
د کار د واقعيت ليدلو سره دا نور هم ناممکن ښکاره شو.
Matthewson was full of pride and confidence in that moment.
ميتيوسن په هغه شيبه کې له وياړ او باور څخه ډک و.
"Three to one!" he shouted. "I'll bet another thousand, Thornton!
هغه چيغه کړه-درې په يو" -زه به نور زر شرط ولګوم، تورنتن" ".
What do you say?" he added, loud enough for all to hear.
ته څه وايې؟ "هغه زياته کړه، دومره لوړ غږ چې ټول يې واوري".
Thornton's face showed his doubts, but his spirit had risen.
د تورنتن په مخ د هغه شکونه څرګندېدل، خو روحيه يې لوړه شوې وه.
That fighting spirit ignored odds and feared nothing at all.
هغه جنګي روحيه له ستونزو سترګې پټې کړې او له هيڅ شی څخه نه وېرېده.
He called Hans and Pete to bring all their cash to the table.
هغه هانس او پيټ ته زنګ وواهه چې خپلې ټولې پيسې ميز ته راوړي.
They had little left—only two hundred dollars combined.
دوی لږ څه پاتې وو - يوازې دوه سوه ډالر ټول.
This small sum was their total fortune during hard times.
دا کوچنۍ پيسې د سختو وختونو په جريان کې د دوی ټوله شتمني وه.
Still, they laid all of the fortune down against Matthewson's bet.
بيا هم، دوی د ميتيوسن د شرط په وړاندې ټوله شتمني پرېښوده.

The ten-dog team was unhitched and moved away from the sled.

د لسو سپو تیم بې خطره و او له سلیج څخه لیرې شو.

Buck was placed in the reins, wearing his familiar harness.

باک د خپل پیژندل شوي زنګ په اغوستلو سره په بام کې کېښودل شو.

He had caught the energy of the crowd and felt the tension.

هغه د خلکو انرژي احساس کړې وه او فشار یې احساس کړ.

Somehow, he knew he had to do something for John Thornton.

په یو ډول، هغه پوهیده چې هغه باید د جان تورنتن لپاره یو څه وکړي.

People murmured with admiration at the dog's proud figure.

خلکو د سپي د ویاړلي شخصیت په ستاینه سره ګونګوسي وکړې.

He was lean and strong, without a single extra ounce of flesh.

هغه ډنګر او قوي و، پرته له دې چې یو اونس اضافي غوښه ولري.

His full weight of hundred fifty pounds was all power and endurance.

د هغه ټول وزن چې یو سل او پنځوس پونډه وو، ټول ځواک او برداشت وو.

Buck's coat gleamed like silk, thick with health and strength.

د باک کوټ د ورېښمو په څېر ځلېده، د روغتیا او ځواک څخه ډک و.

The fur along his neck and shoulders seemed to lift and bristle.

د هغه د غاړې او اوږو په اوږدو کې ویښتان پورته او خارښ ښکاریده.

His mane moved slightly, each hair alive with his great energy.

د هغه د سر ویښته لږ څه حرکت کاوه، هر ویښته یې د خپلې لویې انرژۍ سره ژوندی و.

His broad chest and strong legs matched his heavy, tough frame.

د هغه پراخه سینه او قوي پښې د هغه درانه او سخت بدن سره سمون خوري.

Muscles rippled under his coat, tight and firm as bound iron.

د هغه د پوښ لاندې عضلات څپې وهلې، د تړل شوي اوسپنې په څیر کلک او ټینګ وو.

Men touched him and swore he was built like a steel machine.

سړیو هغه لمس کړ او قسم یې وکړ چې هغه د فولادو ماشین په څیر جوړ شوی دی۔

The odds dropped slightly to two to one against the great dog.

د لوی سپي په وړاندې چانس یو څه دوه پر یو ته راټیټ شو۔

A man from the Skookum Benches pushed forward, stuttering.

د سکوکوم بینچونو څخه یو سړی مخ په وړاندې لاړ، په ټکان سره۔

"Good, sir! I offer eight hundred for him—before the test, sir!"

ښه، صاحب"-زه د هغه لپاره اته سوه وړاندیز کوم - د ازموینې څخه مخکې، صاحب۔"

"Eight hundred, as he stands right now!" the man insisted.

اته سوه، لکه څنګه چې هغه همدا اوس ولاړ دی"-سړي ټینګار وکړ "۔

Thornton stepped forward, smiled, and shook his head calmly.

تورنتن مخ په وړاندې لاړ، موسکا یې وکړه او په ارامه یې سر وخوځاوه۔

Matthewson quickly stepped in with a warning voice and frown.

میتیوسن په چټکۍ سره د خبرداري غږ سره دننه راغی او خپه شو۔

"You must step away from him," he said. "Give him space."

هغه وویل-ته باید له هغه څخه لرې شي" ۔هغه ته ځای ورکړه" "۔"

The crowd grew silent; only gamblers still offered two to one.

ګڼه ګوڼه غلې شوه؛ یوازې قماربازانو لا هم دوه پر یو وړاندیز کاوه۔

Everyone admired Buck's build, but the load looked too great.

ټولو د باک د جوړښت ستاینه وکړه، خو بار یې ډېر ښه ښکاریده۔

Twenty sacks of flour—each fifty pounds in weight—seemed far too much.

د اوړو شل بوجۍ - چې هر یو یې پنځوس پونډه وزن درلود - ډېر زیات ښکاریده۔

No one was willing to open their pouch and risk their money.

هیڅوک نه غوښتل چې خپل کڅوړه پرانیزي او خپلې پیسې په خطر کې واچوي۔
Thornton knelt beside Buck and took his head in both hands.
تورنتن د باک تر څنګ ودرېد او سر يې په دواړو لاسونو کې ونیو۔
He pressed his cheek against Buck's and spoke into his ear.
هغه خپل ګال د باک په ګال کېښود او په غوږ کې يې خبرې وکړې۔
There was no playful shaking or whispered loving insults now.
اوس د لوبو لړزولو یا په غوږونو کې د مینې سپکاوی نه و۔
He only murmured softly, "As much as you love me, Buck."
هغه یوازې په نرمۍ سره وخندل، "څومره چې ته ما سره مینه لرې، بک۔"
Buck let out a quiet whine, his eagerness barely restrained.
باک یو خاموش چیغه وکړه، د هغه لیوالتیا په سختۍ سره محدوده شوه۔
The onlookers watched with curiosity as tension filled the air.
لیدونکو په لیوالتیا سره ولیدل څکه چې هوا له تاوتریخوالي ډکه وه۔
The moment felt almost unreal, like something beyond reason.
دا شیبه تقریبا غیر واقعي احساس شوه، لکه یو څه چې له عقل څخه هاخوا وي۔
When Thornton stood, Buck gently took his hand in his jaws.
کله چې تورنتن ولاړ شو، باک په نرمۍ سره خپل لاس په ژامو کې ونیو۔
He pressed down with his teeth, then let go slowly and gently.
هغه په غاښونو فشار ورکړ، بیا يې ورو او په نرمۍ سره پرېښود۔
It was a silent answer of love, not spoken, but understood.
دا د مینې یو خاموش ځواب و، نه ویل شوی، بلکې پوه شوی و۔
Thornton stepped well back from the dog and gave the signal.
تورنتن د سپي څخه ډېر شاته شو او اشاره يې ورکړه۔
"Now, Buck," he said, and Buck responded with focused calm.
اوس، بک، "هغه وویل، او بک په متمرکزه ارامۍ سره ځواب ورکړ"۔

Buck tightened the traces, then loosened them by a few inches.

باک نښې تینګې کړې، بیا یې څو انچه خلاصې کړې.

This was the method he had learned; his way to break the sled.

دا هغه طریقه وه چې هغه زده کړې وه؛ د سلیج ماتولو لاره.

"Gee!" Thornton shouted, his voice sharp in the heavy silence.

هو"-تورنتن چیغه کړه، د هغه غږ په درنه چوپتیا کې تیز و ".

Buck turned to the right and lunged with all of his weight.

باک ښي خوا ته وګرځېد او د خپل ټول وزن سره یې ټوپ وواهه.

The slack vanished, and Buck's full mass hit the tight traces.

سستي ورکه شوه، او د بک بشپړ ډله په کلکو نښو ولګېده.

The sled trembled, and the runners made a crisp crackling sound.

سلیج ولړزېده، او منډه وهونکو یو کرکرا کرکرا غږ وکړ.

"Haw!" Thornton commanded, shifting Buck's direction again.

هو"-تورنتون امر وکړ، د باک لوري یې بیا بدل کړ ".

Buck repeated the move, this time pulling sharply to the left.

باک حرکت تکرار کړ، دا ځل یې په چټکۍ سره کیڼ اړخ ته کش کړ.

The sled cracked louder, the runners snapping and shifting.

سلیج په لوړ غږ ودرېد، منډه وهونکي ټوپونه وهل او حرکت کول.

The heavy load slid slightly sideways across the frozen snow.

درونډ بار د کنګل شوي واورې په اوږدو کې لږ څه په څنګ کې وخوځېد.

The sled had broken free from the grip of the icy trail!

سلیج د یخنۍ لارې له منګولو څخه خلاص شوی و.

Men held their breath, unaware they were not even breathing.

سړیو خپل ساه بنده کړه، بې خبره وو چې حتی ساه نه اخلي.

"Now, PULL!" Thornton cried out across the frozen silence.

اوس، کش کړه"-تورنتن د کنګل شوي چوپتیا له لارې چیغه کړه ".

Thornton's command rang out sharp, like the crack of a whip.

د تورنتون امر په چټکۍ سره وغږېد، لکه د ځټک د ټکان په څېر.

Buck hurled himself forward with a fierce and jarring lunge.

باک ځان په یوه سخته او تکان ورکوونکي ضربه سره مخ ته وغورځاوه.
His whole frame tensed and bunched for the massive strain.
د هغه ټول بدن د لوی فشار لپاره تنګ او کلک شو.
Muscles rippled under his fur like serpents coming alive.
د هغه د ویښتو لاندې عضلات داسې څپې وهلې لکه ماران چې ژوندي راشي.
His great chest was low, head stretched forward toward the sled.
د هغه لویه سینه ټیټه وه، سر یې د سلیج په لور غځېدلی و.
His paws moved like lightning, claws slicing the frozen ground.
د هغه پښې د برېښنا په څېر حرکت کاوه، پنجې یې کنګل شوې ځمکه ټوټه ټوټه کوله.
Grooves were cut deep as he fought for every inch of traction.
د هر انچ کشش لپاره د جګړې په وخت کې، کندې ژورې پرې شوې وې.
The sled rocked, trembled, and began a slow, uneasy motion.
سلیج ولړزېد، لړزېده، او یو ورو، نا آرامه حرکت یې پیل کړ.
One foot slipped, and a man in the crowd groaned aloud.
یو پښه ښویېده، او د ګڼې ګوڼې څخه یو سړي په لوړ غږ چیغه کړه.
Then the sled lunged forward in a jerking, rough movement.
بیا سلیج په یوه تکان ورکوونکي او سخت حرکت سره مخ په وړاندې وخوځېد.
It didn't stop again—half an inch...an inch...two inches more.
بیا ونه دربېده — نیم انچ--یو انچ --دوه انچه نور .
The jerks became smaller as the sled began to gather speed.
لکه څنګه چې سلیج سرعت ترلاسه کول پیل کړل، تکانونه کوچني شول.
Soon Buck was pulling with smooth, even, rolling power.
ډېر ژر باک په نرم، مساوي، څرخېدونکي ځواک سره کش کړ.
Men gasped and finally remembered to breathe again.
سړي ساه واخیسته او بالاخره یې بیا ساه اخیستل په یاد شول.
They had not noticed their breath had stopped in awe.
دوی پام نه و کړی چې د دوی ساه په ویره کې ودرول شوې ده.
Thornton ran behind, calling out short, cheerful commands.
تورنټن شاته منډه کړه، لنډ او خوشحاله امرونه یې وکړل.

Ahead was a stack of firewood that marked the distance.
مخکې د لرګيو يوه ډېره وه چې واټن يې په نښه کاوه.
As Buck neared the pile, the cheering grew louder and louder.
لکه څنګه چې بک ډېرې ته نږدې شو، د خوښۍ غږ نور هم لوړ شو.
The cheering swelled into a roar as Buck passed the end point.
کله چې بک د پای ټکی تېر کړ، نو د خوښۍ غږ په شور او غوغا بدل شو.
Men jumped and shouted, even Matthewson broke into a grin.
سړيو ټوپونه ووهل او چيغې يې وهلې، حتی ميتيوسن هم موسکا وکړه.
Hats flew into the air, mittens were tossed without thought or aim.
خولۍ په هوا کې الوتلې، دستکشې پرته له فکر کولو او هدف څخه وغورځول شوې.
Men grabbed each other and shook hands without knowing who.
سړيو يو بل ونيول او لاسونه يې سره ورکړل پرته له دې چې پوه شي څوک.
The whole crowd buzzed in wild, joyful celebration.
ټوله ګڼه ګوڼه په وحشي او خوښۍ جشن کې غږېده.
Thornton dropped to his knees beside Buck with trembling hands.
تورنتن د بک تر څنګ په لړزېدلو لاسونو سره په زنګونونو ووت.
He pressed his head to Buck's and shook him gently back and forth.
هغه خپل سر د باک په سر کيښود او په نرمۍ سره يې مخکې او وروسته وخوځاوه.
Those who approached heard him curse the dog with quiet love.
هغو کسانو چې نږدې شول، هغه واورېدل چې سپي ته يې په خاموشه مينه لعنت ويل.
He swore at Buck for a long time—softly, warmly, with emotion.
هغه د اوږدې مودې لپاره په باک باندې لعنت ووايه - په نرمۍ، تودۍ او په احساساتو سره.

"Good, sir! Good, sir!" cried the Skookum Bench king in a rush.

ښه، صاحب"-ښه، صاحب ـد سکوکوم بینچ پاچا په بیړه چیغه کړه "-

"I'll give you a thousand—no, twelve hundred—for that dog, sir!"

صاحب، زه به تاسو ته د دې سپي لپاره زر - نه، دولس سوه - درکړم"-"

Thornton rose slowly to his feet, his eyes shining with emotion.

تورنټن ورو ورو خپلو پښو ته پورته شو، سترګې يې له احساساتو ځلېدلې-

Tears streamed openly down his cheeks without any shame.

اوښکې يې په ښکاره ډول له کوم شرم پرته له مخ څخه رواني شوې-

"Sir," he said to the Skookum Bench king, steady and firm

صاحب، "هغه د سکوکوم بینچ پاچا ته وويل، ثابت او ټينګ"

"No, sir. You can go to hell, sir. That's my final answer."

نه، صاحب"-ته دوزخ ته تللی شې، صاحب ـدا زما وروستی ځواب دی -"

Buck grabbed Thornton's hand gently in his strong jaws.

باک د تورنټن لاس په نرمی سره په خپلو قوي ژامو کې ونيو-

Thornton shook him playfully, their bond deep as ever.

تورنټون هغه په لوبو سره وخوځاوه، د دوی اړیکه د تل په څیر ژوره وه-

The crowd, moved by the moment, stepped back in silence.

ګنه ګونه، چې په دې شيبه کې تکان وخوړ، په چوپتيا کې بيرته ولاړه-

From then on, none dared interrupt such sacred affection.

له هغه وروسته، هيچا د دې مقدسې مينې د مداخلې جرئت ونه کړ-

The Sound of the Call
د زنګ غږ

Buck had earned sixteen hundred dollars in five minutes.

باک په پنځو دقیقو کې شپاړس سوه ډالر ګټلي وو.

The money let John Thornton pay off some of his debts.

دې پیسو جان تورنتن ته اجازه ورکړه چې خپل ځینې پورونه ادا کړي.

With the rest of the money he headed East with his partners.

د پاتې پیسو سره هغه د خپلو ملګرو سره ختیځ ته لاړ.

They sought a fabled lost mine, as old as the country itself.

دوی د یوې افسانوي ورکې شوې کان په لټه کې وو، چې د هیواد په څیر زوړ وي.

Many men had looked for the mine, but few had ever found it.

ډېرو سړیو د کان په لټه کې وو، خو ډېرو کمو کسانو یې موندلی و.

More than a few men had vanished during the dangerous quest.

د خطرناکې پلټنې په جریان کې له څو څخه زیات سړي ورک شوي وو.

This lost mine was wrapped in both mystery and old tragedy.

دا ورک شوی کان په اسرار او زړې تراژیدي دواړو کې ډوب و.

No one knew who the first man to find the mine had been.

هیڅوک نه پوهېدل چې لومړنی سړی چې کان یې وموند څوک و.

The oldest stories don't mention anyone by name.

زړې کیسې د چا نوم نه یادوي.

There had always been an ancient ramshackle cabin there.

هلته تل یو لرغونی او خراب کوټه وه.

Dying men had sworn there was a mine next to that old cabin.

مړو کسانو قسم خوړلی و چې د هغه زاړه کوټې تر څنګ یو ماین و.

They proved their stories with gold like none found elsewhere.

دوی خپلې کیسې په داسې سرو زرو ثابتې کړې لکه په بل ځای کې چې نه موندل کیږي.

No living soul had ever looted the treasure from that place.

هیڅ ژوندي کس هیڅکله له هغه ځای څخه خزانه نه ده لوټ کړې.

The dead were dead, and dead men tell no tales.

مړي مړه وو، او مړي هيڅ کيسي نه کوي.
So Thornton and his friends headed into the East.
نو تورنتن او ملګري يې ختيځ ته لاړل.
Pete and Hans joined, bringing Buck and six strong dogs.
پيټ او هانس سره يوځای شول، بک او شپږ پياوړي سپي يې راوړل.
They set off down an unknown trail where others had failed.
دوی په يوه نامعلومه لاره روان شول چيرې چې نور ناکام شوي وو.
They sledded seventy miles up the frozen Yukon River.
دوی د کنګل شوي يوکون سيند په اوږدو کې اويا ميله پورته سليډينګ وکړ.
They turned left and followed the trail into the Stewart.
دوی چپ لوري ته وګرځېدل او د ستيوارټ په لاره پسې روان شول.
They passed the Mayo and McQuestion, pressing farther on.
دوی د مايو او مک کوشن څخه تېر شول، او نور هم مخ په وړاندې لاړل.
The Stewart shrank into a stream, threading jagged peaks.
ستيوارټ کښتی په يوه وياله کې راښکته شوه، د کندې لړونکو څوکو سره يې تيريدل.
These sharp peaks marked the very spine of the continent.
دا تيزې څوکې د براعظم د ملا تير په نښه کوي.
John Thornton demanded little from men or the wild land.
جان تورنتن له انسانانو يا ځنګلي ځمکې څخه لږ څه غوښتل.
He feared nothing in nature and faced the wild with ease.
هغه په طبيعت کې له هيڅ شی څخه نه وېرېده او په اسانی سره يې له ځنګل سره مخ شو.
With only salt and a rifle, he could travel where he wished.
يوازې د مالګې او ټوپک سره، هغه کولی شي هرچيرې چې وغواړي سفر وکړي.
Like the natives, he hunted food while he journeyed along.
د ځايي خلکو په څېر، هغه به د سفر پر مهال خواړه ښکار کول.
If he caught nothing, he kept going, trusting luck ahead.
که هغه هيڅ ونه نيول، نو هغه به روان و، په راتلونکي بخت به يې باور درلود.
On this long journey, meat was the main thing they ate.
په دې اوږده سفر کې، غوښه هغه اصلي شی و چې دوی يې خوړل.
The sled held tools and ammo, but no strict timetable.

په سلیج کې وسایل او مهمات وو، خو کوم دقیق مهالویش نه وو.
Buck loved this wandering; the endless hunt and fishing.
باک له دې ګرځېدو سره مینه درلوده؛ بې پایه ښکار او کب نیول.
For weeks they were traveling day after steady day.
د اونیو لپاره دوی هره ورځ په دوامداره توګه سفر کاوه.
Other times they made camps and stayed still for weeks.
نور وختونه به یې کمپونه جوړول او د اونیو لپاره به یې ارام پاتې کېدل.
The dogs rested while the men dug through frozen dirt.
سپي آرام کول پداسې حال کې چې سړي په کنګل شوې خاوره کې کیندل.
They warmed pans over fires and searched for hidden gold.
دوی په اور باندې لوښي ګرم کړل او د پټو سرو زرو په لټه کې شول.
Some days they starved, and some days they had feasts.
ځیني ورځې به یې وږي وو، او ځیني ورځې به یې میلمستیاوې کولې.
Their meals depended on the game and the luck of the hunt.
د دوی خواړه د ښکار او بخت پورې اړه لري.
When summer came, men and dogs packed loads on their backs.
کله چې اوړی راغی، سړیو او سپیو به په خپلو شاګانو بارونه بارول.
They rafted across blue lakes hidden in mountain forests.
دوی د غرونو په ځنګلونو کې پټو نیلي جهیلونو ته بېړۍ وهلې.
They sailed slim boats on rivers no man had ever mapped.
دوی په هغو سیندونو کې نرۍ کښتۍ چلولې چې هیڅ انسان یې نقشه نه وه کړې.
Those boats were built from trees they sawed in the wild.
هغه کښتۍ د هغو ونو څخه جوړې شوې وې چې دوی یې په ځنګل کې پرې کولې.

The months passed, and they twisted through the wild unknown lands.
میاشتې تېرې شوې، او دوی په وحشي نامعلومو ځمکو کې ګرځېدل.
There were no men there, yet old traces hinted that men had been.
هلته هیڅ سړی نه وو، خو زړو نښو ښودله چې سړي هلته وو.
If the Lost Cabin was real, then others had once come this way.
که ورک شوی کوټه ریښتیا وای، نو نور هم یو وخت دلته راغلي وو.

They crossed high passes in blizzards, even during the summer.

دوی د واورې په طوفانونو کې هم له لوړو لارو تېرېدل، حتی د اوړي په موسم کې.

They shivered under the midnight sun on bare mountain slopes.

دوی د نیمې شپې لمر لاندې په لوڅو غرونو کې لړزېدل.

Between the treeline and the snowfields, they climbed slowly.

د ونو د کرښې او د واورې د ساحو ترمنځ، دوی ورو ورو پورته شول.

In warm valleys, they swatted at clouds of gnats and flies.

په تودو درو کې، دوی د مچانو او مچانو په ورېځو باندې ډزې کولې.

They picked sweet berries near glaciers in full summer bloom.

دوی د دوبي په بشپړ غوړېدو سره د ګلخانو ته نږدې خواږه توتان راټول کړل.

The flowers they found were as lovely as those in the Southland.

هغه ګلان چې دوی وموندل هغومره ښکلي وو لکه د ساوت لېنډ ګلان.

That fall they reached a lonely region filled with silent lakes.

په هغه منې کې دوی یوې تنها سیمې ته ورسیدل چې له خاموشو جهیلونو ډکه وه.

The land was sad and empty, once alive with birds and beasts.

ځمکه غمجنه او تشه وه، یو وخت د مرغانو او حیواناتو څخه ډکه وه.

Now there was no life, just the wind and ice forming in pools.

اوس ژوند نه و، یوازې باد او یخ په حوضونو کې جوړېدل.

Waves lapped against empty shores with a soft, mournful sound.

څپې د خالي ساحلونو سره په نرم او غمجن غږ سره ټکر شوې.

Another winter came, and they followed faint, old trails again.

یو بل ژمی راغی، او دوی بیا په زړو او کمزورو لارو روان شول.

These were the trails of men who had searched long before them.

دا د هغو انسانانو لارې وې چې له دوی څخه ډېر مخکې يې لټون کړی و.

Once they found a path cut deep into the dark forest.

يو ځل دوی په تياره ځنګل کې ژوره لاره وموندله.

It was an old trail, and they felt the lost cabin was close.

دا يوه زړه لاره وه، او دوی احساس کاوه چې ورک شوی کوټه نږدې ده.

But the trail led nowhere and faded into the thick woods.

خو لاره هيڅ ځای ته نه وه تللې او په ګڼو ځنګلونو کې ورکه شوه.

Whoever made the trail, and why they made it, no one knew.

چا لاره جوړه کړه، او ولې يې جوړه کړه، هيڅوک نه پوهېدل.

Later, they found the wreck of a lodge hidden among the trees.

وروسته، دوی د ونو په مينځ کې پټ شوي د يوې کوټې توټې وموندلې.

Rotting blankets lay scattered where someone once had slept.

خرابې شوې کمپلې هلته خپرې شوې وې چېرته چې يو څوک يو وخت ويده شوی و.

John Thornton found a long-barreled flintlock buried inside.

جان تورنتون دننه يو اوږد بيرل لرونکی چقمق وموند.

He knew this was a Hudson Bay gun from early trading days.

هغه د سوداګرۍ له لومړيو ورځو راهيسې پوهيده چې دا د هډسن خليج ټوپک دی.

In those days such guns were traded for stacks of beaver skins.

په هغو ورځو کې دا ډول ټوپکونه د بيور پوستکي په ډېريو کې پلورل کيدل.

That was all—no clue remained of the man who built the lodge.

بس همدا وو - د هغه سړي هيڅ نښه پاتې نه شوه چې لاج يې جوړ کړی و.

Spring came again, and they found no sign of the Lost Cabin.

پسرلی بيا راغی، او دوی د ورک شوي کوټې هيڅ نښه ونه موندله.

Instead they found a broad valley with a shallow stream.
پرځای یې دوی یوه پراخه دره وموندله چې یو کم ژور ویاله یې درلوده.
Gold lay across the pan bottoms like smooth, yellow butter.
سره زر د لوښي په تلو کې داسې پراته وو لکه نرم، ژیړ مکهن.
They stopped there and searched no farther for the cabin.
دوی هلته ودرېدل او د کوټې نور لټون یې ونه کړ.
Each day they worked and found thousands in gold dust.
هره ورځ به یې کار کاوه او په زرګونو د سرو زرو په دوړو کې به یې موندل.
They packed the gold in bags of moose-hide, fifty pounds each.
دوی سره زر د موږکانو د پوستکي په کڅوړو کې ډک کړل، هر یو یې پنځوس پونډه و.
The bags were stacked like firewood outside their small lodge.
کڅوړې د دوی د کوچني کور څخه بهر د لرګیو په څیر ډکې شوې وې.
They worked like giants, and the days passed like quick dreams.
دوی د لویانو په څیر کار کاوه، او ورځې د چټکو خوبونو په څیر تېرېدې.
They heaped up treasure as the endless days rolled swiftly by.
دوی خزانې راټولې کړې لکه څنګه چې بې پایه ورځې په چټکۍ سره تېرېدې.
There was little for the dogs to do except haul meat now and then.
سپو ته د غوښې له وړلو پرته بل څه نه وو.
Thornton hunted and killed the game, and Buck lay by the fire.
تورنتون ښکار وکړ او ښکار یې وکړ، او بک د اور په څنګ کې پروت و.
He spent long hours in silence, lost in thought and memory.
هغه ډېر ساعتونه په چوپتیا کې تېر کړل، په فکر او حافظه کې ورک شو.
The image of the hairy man came more often into Buck's mind.
د باک په ذهن کې د ویښتانو سړي انځور ډېر زیات راغی.
Now that work was scarce, Buck dreamed while blinking at the fire.

اوس چې کار کم و، باک د اور په سترګو کې د سترګو د رپولو په وخت کې خوب ولید.
In those dreams, Buck wandered with the man in another world.
په هغو خوبونو کې، باک د سړي سره په يوه بله نړۍ کې ګرځېده.
Fear seemed the strongest feeling in that distant world.
وېره په هغه لرې نړۍ کې تر ټولو قوي احساس ښکاريده.
Buck saw the hairy man sleep with his head bowed low.
باک هغه ويښتان لرونکی سړی وليد چې سر يې ټيټ ويده و.
His hands were clasped, and his sleep was restless and broken.
لاسونه يې کلک تړلي وو، او خوب يې بې آرامه او مات و.
He used to wake with a start and stare fearfully into the dark.
هغه به په چټکۍ سره له خوبه راويښ شو او په تياره کې به يې په وېره سره کتل.
Then he'd toss more wood onto the fire to keep the flame bright.
بيا به يې اور ته نور لرګي اچول ترڅو اور روښانه وساتي.
Sometimes they walked along a beach by a gray, endless sea.
ځيني وختونه دوی د خړ، بې پايه سمندر په غاړه د ساحل په اوږدو کې ګرځېدل.
The hairy man picked shellfish and ate them as he walked.
ويښتان لرونکي سړي د تګ په وخت کې کبان راټول کړل او وخوړل.
His eyes searched always for hidden dangers in the shadows.
د هغه سترګې تل په سيوري کې پټ خطرونه لټوي.
His legs were always ready to sprint at the first sign of threat.
د هغه پښې تل د ګواښ په لومړۍ نښه کې د منډې وهلو لپاره چمتو وې.
They crept through the forest, silent and wary, side by side.
دوی د ځنګله له لارې په خاموشۍ او احتياط سره څنګ په څنګ روان وو.
Buck followed at his heels, and both of them stayed alert.
باک د هغه په پښو پسې لاړ، او دواړه هوښيار پاتې شول.
Their ears twitched and moved, their noses sniffed the air.

د دوی غوږونه لړزېدل او حرکت يې کاوه، پوزې يې هوا بوی کوله.
The man could hear and smell the forest as sharply as Buck.
سړی د باک په څېر په تيزۍ سره ځنګل اوريدلی او بوی کولی شو.
The hairy man swung through the trees with sudden speed.
ويښتان لرونکی سړی په ناڅاپي سرعت سره د ونو له لارې وخوځېد.
He leapt from branch to branch, never missing his grip.
هغه له يوې څانګې څخه بلې څانګې ته توپ وواهه، هيڅکله يې خپله ګرفت له لاسه ورنکړه.
He moved as fast above the ground as he did upon it.
هغه د ځمکې څخه پورته په چټکۍ سره حرکت وکړ لکه څنګه چې هغه پرې کاوه.
Buck remembered long nights beneath the trees, keeping watch.
باک د ونو لاندې اوږدې شپې په ياد درلودې، چې څار يې کاوه.
The man slept roosting in the branches, clinging tight.
سړی په څانګو کې په ځاله کې ويده شو، کلک يې ونيو.
This vision of the hairy man was tied closely to the deep call.
د ويښتانو سړي دا ليد د ژورې غږ سره نږدې تړلی و.
The call still sounded through the forest with haunting force.
غږ لا هم په ځنګله کې د ويرونکي ځواک سره غږېده.
The call filled Buck with longing and a restless sense of joy.
زنګ وهلو باک له لېوالتيا او د خوښۍ له بې ثباته احساس ډک کړ.
He felt strange urges and stirrings that he could not name.
هغه عجيبې غوښتنې او تحرکات احساس کړل چې نوم يې نه شوای اخيستلی.
Sometimes he followed the call deep into the quiet woods.
کله ناکله به هغه د غږ تعقيب په ارام ځنګل کې ژور کړ.
He searched for the calling, barking softly or sharply as he went.
هغه د غږ په لټه کې و، په نرمۍ يا تيزۍ سره يې غپا وهله کله چې هغه روان و.
He sniffed the moss and black soil where the grasses grew.
هغه هغه کای او توره خاوره بوی کړه چيرې چې واښه وده کوله.
He snorted with delight at the rich smells of the deep earth.

هغه د ژورې ځمکې د بډایه بویونو په لیدو سره په خوښۍ سره خوله وکړه.
He crouched for hours behind trunks covered in fungus.
هغه په ساعتونو ساعتونو د هغو ډډونو شاته چې په فنګس پوښل شوي وو، کښیناست.
He stayed still, listening wide-eyed to every tiny sound.
هغه غلی پاتې شو، په غټو سترګو یې هر کوچنی غږ واورېد.
He may have hoped to surprise the thing that gave the call.
هغه ښایي هیله درلوده چې هغه څه چې زنګ یې وهلی و، حیران کړي.
He did not know why he acted this way—he simply did.
هغه نه پوهیده چې ولې یې دا ډول چلند وکړ - هغه یوازې دا کار وکړ.
The urges came from deep within, beyond thought or reason.
غوښتنې له ژورو څخه راغلې، د فکر یا دلیل هاخوا.
Irresistible urges took hold of Buck without warning or reason.
بې ساري غوښتنو پرته له خبرتیا یا دلیل څخه په باک باندې برید وکړ.
At times he was dozing lazily in camp under the midday heat.
کله ناکله به هغه په کمپ کې د غرمې په ګرمۍ کې په سستۍ سره ویده کېده.
Suddenly, his head lifted and his ears shoot up alert.
ناڅاپه یې سر پورته شو او غوږونه یې په هوښیارۍ سره پورته شول.
Then he sprang up and dash into the wild without pause.
بیا هغه پورته شو او پرته له ځنډه په ځنګله کې منډه ووهله.
He ran for hours through forest paths and open spaces.
هغه د ځنګلونو په لارو او خلاصو ځایونو کې ساعتونه منډې وهلې.
He loved to follow dry creek beds and spy on birds in the trees.
هغه د وچو ویالو د بسترونو تعقیبول او په ونو کې د مرغیو جاسوسي کول خوښول.
He could lie hidden all day, watching partridges strut around.
هغه توله ورځ پټ پاتې کېدای شوای، او د تیترونو لیدل یې کول چې شاوخوا ګرځي.

They drummed and marched, unaware of Buck's still presence.

دوی ډول غږاوه او مارچ یې وکړ، د باک د شتون څخه بې خبره وو.

But what he loved most was running at twilight in summer.

خو هغه څه چې هغه یې تر ټولو ډېر خوښاوه هغه د دوبي په ماښام کې منډې وهل وو.

The dim light and sleepy forest sounds filled him with joy.

د تیاره رڼا او د ځنګل د خوب غږونو هغه له خوښۍ ډک کړ.

He read the forest signs as clearly as a man reads a book.

هغه د ځنګل نښې په روښانه ډول لوستلې لکه څنګه چې یو سړی کتاب لولي.

And he searched always for the strange thing that called him.

او هغه تل د هغه عجیب شی په لټه کې و چې هغه یې بللی و.

That calling never stopped—it reached him waking or sleeping.

دا زنګ وهل هیڅکله نه ودرېدل - دا هغه ته په ویښ یا ویده حالت کې ورسېد.

One night, he woke with a start, eyes sharp and ears high.

یوه شپه، هغه په چټکۍ سره له خوبه راویښ شو، سترګې یې تیزې او غوږونه یې لوړ وو.

His nostrils twitched as his mane stood bristling in waves.

د هغه پوزې لړزېدې ځکه چې د هغه د سر غوښنه په څپو کې ولاړه وه.

From deep in the forest came the sound again, the old call.

د ځنګل له ژورو څخه بیا غږ راغی، هغه زوړ غږ.

This time the sound rang clearly, a long, haunting, familiar howl.

دا ځل غږ په څرګنده توګه واورېدل شو، یوه اوږده، ځورونکې، پېژندل شوې چیغه.

It was like a husky's cry, but strange and wild in tone.

دا د هسکي چیغې په څېر وه، مګر په غږ کې عجیب او وحشي وه.

Buck knew the sound at once—he had heard the exact sound long ago.

باک سمدلاسه غږ وپېژند - هغه ډېر وخت دمخه دقیق غږ اورېدلی و.

He leapt through camp and vanished swiftly into the woods.

هغه د کمپ له لارې توپ وواهه او په چټکۍ سره ځنګل ته ورګډ شو.
As he neared the sound, he slowed and moved with care.
کله چې هغه غږ ته نږدې شو، هغه ورو شو او په احتیاط سره حرکت وکړ.
Soon he reached a clearing between thick pine trees.
ډېر ژر هغه د صنوبر د ګڼو ونو ترمنځ یوې پاکې سیمې ته ورسېد.
There, upright on its haunches, sat a tall, lean timber wolf.
هلته، په خپلو غېږونو کې ولاړ، یو اوږد، نری لرګین لیوه ناست و.
The wolf's nose pointed skyward, still echoing the call.
د لیوه پوزه اسمان ته اشاره وکړه، او لا هم غږ یې منعکس کاوه.
Buck had made no sound, yet the wolf stopped and listened.
باک هیڅ غږ نه کاوه، خو لیوه ودرېد او غوږ یې ونیو.
Sensing something, the wolf tensed, searching the darkness.
لیوه چې یو څه احساس کړل، تیاره یې لټوله، تنګ شو.
Buck crept into view, body low, feet quiet on the ground.
باک په پټه سترګو کې راښکاره شو، بدن یې ټیټ و، پښې یې په ځمکه کې خاموشې وې.
His tail was straight, his body coiled tight with tension.
لکۍ یې مستقیمه وه، بدن یې د فشار له امله کلک و.
He showed both threat and a kind of rough friendship.
هغه ګواښ او یو ډول سخته ملګرتیا دواړه وښودله.
It was the wary greeting shared by beasts of the wild.
دا هغه محتاطانه سلام وو چې د وحشي ځناورو لخوا شریک شوی و.
But the wolf turned and fled as soon as it saw Buck.
خو لیوه د باک په لیدلو سره سمدلاسه مخ واړاوه او وتښتېد.
Buck gave chase, leaping wildly, eager to overtake it.
باک تعقیب کړ، په وحشیانه ډول توپ وواهه، او د هغه د نیولو لپاره لیواله و.
He followed the wolf into a dry creek blocked by a timber jam.
هغه د لیوه پسې په یوه وچه ویاله کې لاړ چې د لرګیو د بندیدو له امله بنده شوې وه.
Cornered, the wolf spun around and stood its ground.
لیوه په کونج کې وګرځېد او په خپله ځمکه ودرېد.
The wolf snarled and snapped like a trapped husky dog in a fight.

لیوه په جګړه کې د بند پاتې شوي سپي په څیر چیغې وهلې او چیغې یې وهلې.
The wolf's teeth clicked fast, its body bristling with wild fury.
د لیوه غاښونه په چټکۍ سره تکان وخوړ، بدن یې د وحشي قهر څخه ډک و.
Buck did not attack but circled the wolf with careful friendliness.
باک برید ونه کړ، خو په احتیاط سره یې د لیوه شاوخوا چاپېره وګرځېد.
He tried to block his escape by slow, harmless movements.
هغه هڅه وکړه چې د ورو او بې ضرره حرکتونو له لارې د خپل تېښتې مخه ونیسي.
The wolf was wary and scared—Buck outweighed him three times.
لیوه محتاط او وېرېدلی و - بک درې ځله له هغه څخه دروند و.
The wolf's head barely reached up to Buck's massive shoulder.
د لیوه سر په سختۍ سره د باک لوی اوږې ته ورسید.
Watching for a gap, the wolf bolted and the chase began again.
لیوه د یوې تشې په لټه کې ودرېد او تعقیب یې بیا پیل شو.
Several times Buck cornered him, and the dance repeated.
څو ځله باک هغه ته نږدې شو، او نڅا تکرار شوه.
The wolf was thin and weak, or Buck could not have caught him.
لیوه نری او کمزوری و، یا بک نشوای کولی هغه ونیسي.
Each time Buck drew near, the wolf spun and faced him in fear.
هر کله چې باک نږدې کېده، لیوه به ګرځېده او په ویره کې به ورسره مخامخ کېده.
Then at the first chance, he dashed off into the woods once more.
بیا په لومړي فرصت کې، هغه یو ځل بیا ځنګل ته وتښتېد.
But Buck did not give up, and finally the wolf came to trust him.
خو باک تسلیم نه شو، او بالاخره لیوه په هغه باور وکړ.
He sniffed Buck's nose, and the two grew playful and alert.

هغه د باک پوزه بوی کړه، او دواړه لوبیدونکي او هوښیار شول.
They played like wild animals, fierce yet shy in their joy.
دوی د وحشي ځناورو په څیر لوبې کولې، په خوښۍ کې سخت خو شرمیدونکي وو.
After a while, the wolf trotted off with calm purpose.
یو څه وخت وروسته، لیوه په ارامه ارادې سره لاړ.
He clearly showed Buck that he meant to be followed.
هغه په څرګنده توګه باک ته وښودله چې هغه غواړي تعقیب شي.
They ran side by side through the twilight gloom.
دوی د ماښام په تیاره کې څنګ په څنګ منډه وهله.
They followed the creek bed up into the rocky gorge.
دوی د ویالې په غاړه پسې د ډبرینو درې ته پورته شول.
They crossed a cold divide where the stream had begun.
دوی له یوې سړې لارې څخه تېر شول چیرې چې جریان پیل شوی و.
On the far slope they found wide forest and many streams.
په لرې غره کې دوی پراخ ځنګل او ډیرې ویالې وموندلې.
Through this vast land, they ran for hours without stopping.
په دې پراخه ځمکه کې، دوی د ساعتونو لپاره پرته له ځنډه منډې وهلې.
The sun rose higher, the air grew warm, but they ran on.
لمر لوړ شو، هوا ګرمه شوه، خو دوی منډه وهله.
Buck was filled with joy—he knew he was answering his calling.
باک له خوښۍ ډک و - هغه پوهیده چې هغه د هغه زنګ ته ځواب ورکوي.
He ran beside his forest brother, closer to the call's source.
هغه د خپل ځنګلي ورور تر څنګ منډه کړه، د زنګ وهلو سرچینې ته نږدې.
Old feelings returned, powerful and hard to ignore.
زاړه احساسات بیرته راغلل، قوي او له پامه غورځول یې ګران وو.
These were the truths behind the memories from his dreams.
دا د هغه د خوبونو د خاطرو تر شا حقیقتونه وو.
He had done all this before in a distant and shadowy world.
هغه دا ټول مخکې په یوه لرې او سیوري نړۍ کې کړي وو.
Now he did this again, running wild with the open sky above.

اوس يې بيا دا کار وکړ، پورته خلاص اسمان ته په وحشيانه ډول منده وهله.

They stopped at a stream to drink from the cold flowing water.

دوی د يوې ويالې سره ودرېدل ترڅو د سړو بهېدونکو اوبو څخه وڅښي.

As he drank, Buck suddenly remembered John Thornton.

کله چې هغه شراب څښل، نو ناڅاپه يې جان تورنتن ياد شو.

He sat down in silence, torn by the pull of loyalty and the calling.

هغه په چوپتيا کې ناست و، د وفادارۍ او بلنې له امله مات شوی و.

The wolf trotted on, but came back to urge Buck forward.

لېوه په پښو وخوځېد، خو بيرته راغی ترڅو بک مخکې کړي.

He sniffed his nose and tried to coax him with soft gestures.

هغه خپله پوزه بوی کړه او هڅه يې وکړه چې په نرمو اشارو سره هغه قانع کړي.

But Buck turned around and started back the way he came.

خو بک شا وګرځېد او په هماغه لاره بيرته پيل وکړ چې راغلی و.

The wolf ran beside him for a long time, whining quietly.

لېوه د ډېر وخت لپاره د هغه تر څنګ منډه کړه، په خاموشۍ سره يې چيغې وهلې.

Then he sat down, raised his nose, and let out a long howl.

بيا هغه کښېناست، خپله پوزه يې پورته کړه، او يوه اوږده چيغه يې وکړه.

It was a mournful cry, softening as Buck walked away.

دا يوه غمجنه چيغه وه، چې د باک د تګ په وخت کې نرمه شوه.

Buck listened as the sound of the cry faded slowly into the forest silence.

باک غوږ ونيو څکه چې د ژړا غږ ورو ورو د ځنګل په چوپتيا کې ورک شو.

John Thornton was eating dinner when Buck burst into the camp.

جان تورنتن ډوډۍ خوړله کله چې بک کمپ ته ننوت.

Buck leapt upon him wildly, licking, biting, and tumbling him.

باک په بې رحمۍ سره پرې ټوپ وواهه، هغه يې چاټ کړ، چيچلو يې او غورځولو يې.

He knocked him over, scrambled on top, and kissed his face.

هغه يي وغورځاوه، په سر يي وخوځاوه، او مخ يي ښکل کړ۔

Thornton called this "playing the general tom-fool" with affection.

تورنتون دا په مينه سره "د عمومي احمق لوبه کول "وبلل۔

All the while, he cursed Buck gently and shook him back and forth.

په دې ټولو وختونو کي، هغه په نرمۍ سره باک ته لعنت ووايه او هغه يي مخکي او وروسته وخوځاوه۔

For two whole days and nights, Buck never left the camp once.

د دوو بشپړو ورځو او شپو لپاره، باک يو ځل هم له کمپ څخه نه دی وتلی۔

He kept close to Thornton and never let him out of his sight.

هغه تورنتن ته نږدې و او هيڅکله يي له خپل نظره نه پرېښود۔

He followed him as he worked and watched him while he ate.

هغه د کار په وخت کي د هغه تعقيب کاوه او د خوړلو پرمهال يي ورته کتل۔

He saw Thornton into his blankets at night and out each morning.

هغه تورنتن د شپي په خپلو کمپلو کي او هره سهار بهر وليد۔

But soon the forest call returned, louder than ever before.

خو ډېر ژر د ځنګل غږ بيرته راغی، د پخوا په پرتله لوړ۔

Buck grew restless again, stirred by thoughts of the wild wolf.

باک بيا بي هوښه شو، د وحشي ليوه په فکرونو کي ډوب شو۔

He remembered the open land and running side by side.

هغه خلاصه ځمکه او څنګ په څنګ منډي وهل په ياد درلودل۔

He began wandering into the forest once more, alone and alert.

هغه يو ځل بيا په ځنګله کي ګرځېدل پيل کړل، يوازي او هوښيار۔

But the wild brother did not return, and the howl was not heard.

خو وحشي ورور بيرته را نه غی، او چيغي يي نه اورېدل کېدې۔

Buck started sleeping outside, staying away for days at a time.

باک بهر ويده کېدل پيل کړل، ځو ورځي په يو وخت کي لري پاتي کېدل۔

Once he crossed the high divide where the creek had begun.
یوځل چې هغه له لوړې درز څخه تیر شو چیرې چې ویاله پیل شوې وه.
He entered the land of dark timber and wide flowing streams.
هغه د تیاره لرګیو او پراخو بهیدونکو ویالو ځمکې ته ننوتل.
For a week he roamed, searching for signs of the wild brother.
هغه د یوې اونۍ لپاره ګرځېده، د وحشي ورور نښې لټوي.
He killed his own meat and travelled with long, tireless strides.
هغه خپله غوښه ووژله او په اوږدو او نه ستړي کېدونکو ګامونو سره یې سفر وکړ.
He fished for salmon in a wide river that reached the sea.
هغه په یوه پراخه سیند کې چې سمندر ته رسیدلی و، د سالمون کب نیول.
There, he fought and killed a black bear maddened by bugs.
هلته، هغه د یو تور ریچھ سره جګړه وکړه او هغه یې وواژه چې د حشراتو له امله لیونی شوی و.
The bear had been fishing and ran blindly through the trees.
یږه کب نیولی و او په ړانده ډول د ونو له لارې منډه وهله.
The battle was a fierce one, waking Buck's deep fighting spirit up.
جګړه ډېره سخته وه، د باک ژوره جنګي روحیه یې راویښ کړه.
Two days later, Buck returned to find wolverines at his kill.
دوه ورځې وروسته، باک بیرته راستون شو ترڅو په خپل ښکار کې ولورین ومومي.
A dozen of them quarreled over the meat in noisy fury.
د دوی څخه لسګونو کسانو په غوسه او شورماشور کې د غوښې پر سر شخړه وکړه.
Buck charged and scattered them like leaves in the wind.
باک په باد کې داسي پاڼي خورې کړې او خپرې کړې یې.
Two wolves remained behind—silent, lifeless, and unmoving forever.
دوه لیوان شاته پاتې شول - خاموش، بې ژونده، او د تل لپاره بې حرکته.
The thirst for blood grew stronger than ever.
د وینې تنده تر بل هر وخت ډېره شوه.
Buck was a hunter, a killer, feeding off living creatures.

باک یو ښکاری، قاتل وو، او د ژوندیو موجوداتو خواړه یې ورکول.
He survived alone, relying on his strength and sharp senses.
هغه یوازې ژوندی پاتې شو، په خپل ځواک او تیزو حواسو تکیه وکړه.
He thrived in the wild, where only the toughest could live.
هغه په ځنګل کې وده وکړه، چیرې چې یوازې تر ټولو سخت خلک ژوند کولی شي.
From this, a great pride rose up and filled Buck's whole being.
له دې څخه، یو لوی غرور راپورته شو او د باک ټول وجود یې ډک کړ.
His pride showed in his every step, in the ripple of every muscle.
د هغه غرور په هر ګام کې، د هر عضلاتو په څپو کې څرګند شو.
His pride was as clear as speech, seen in how he carried himself.
د هغه غرور د خبرو په څیر څرګند و، چې د هغه د چلند له مخې څرګندېده.
Even his thick coat looked more majestic and gleamed brighter.
حتی د هغه غټ کوټ ډیر شاندار او روښانه ښکاریده.
Buck could have been mistaken for a giant timber wolf.
باک کېدای شي د لوی لرګیو لیوه په توګه غلط شوی وي.
Except for brown on his muzzle and spots above his eyes.
پرته له هغه چې د هغه په خوله نسواري رنګ او د سترګو پورته داغونه وي.
And the white streak of fur that ran down the middle of his chest.
او د وینښتو سپینه لیکه چې د هغه د سینې له منځه روانه وه.
He was even larger than the biggest wolf of that fierce breed.
هغه د هغه وحشي نسل تر ټولو لوی لیوه څخه هم لوی و.
His father, a St. Bernard, gave him size and heavy frame.
د هغه پلار، چې سینټ برنارډ و، هغه ته یې اندازه او درونډ بدن ورکړ.
His mother, a shepherd, shaped that bulk into wolf-like form.
د هغه مور، چې شپون وه، هغه ټولګه یې د لیوه په څیر شکل ورکړه.
He had the long muzzle of a wolf, though heavier and broader.
د هغه خوله د لیوه په څیر اوږده وه، که څه هم درنه او پراخه وه.

His head was a wolf's, but built on a massive, majestic scale.
د هغه سر د لیوه وو، خو په یوه لویه او شانداره پیمانه جوړ شوی وو.
Buck's cunning was the cunning of the wolf and of the wild.
د باک چالاکي د لیوه او وحشي چالاکي وه.
His intelligence came from both the German Shepherd and St. Bernard.
د هغه هوښیارتیا د جرمن شیفرډ او سینټ برنارډ دواړو څخه راغلې وه.
All this, plus harsh experience, made him a fearsome creature.
دې ټولو، او سختو تجربو، هغه یو ډارونکی مخلوق کړ.
He was as formidable as any beast that roamed the northern wild.
هغه د هر هغه حیوان په څېر چې په شمالي ځنګل کې ګرځېده، ډېر خطرناک و.
Living only on meat, Buck reached the full peak of his strength.
باک چې یوازې په غوښه ژوند کاوه، د خپل ځواک بشپړ اوج ته ورسید.
He overflowed with power and male force in every fiber of him.
هغه د خپل بدن په هره برخه کې له ځواک او نارینه ځواک څخه ډک و.
When Thornton stroked his back, the hairs sparked with energy.
کله چې تورنتن خپل شا ته لاس ورکړ، ویښتان یې له انرژۍ څخه ځلېدل.
Each hair crackled, charged with the touch of living magnetism.
هر ویښتان ټک وهل، د ژوندي مقناطیسي لمس سره چارج شوي.
His body and brain were tuned to the finest possible pitch.
د هغه بدن او دماغ د غوره ممکنه انداز سره سمون درلود.
Every nerve, fiber, and muscle worked in perfect harmony.
هر اعصاب، ریښې او عضلات په بشپړ همغږۍ کې کار کاوه.
To any sound or sight needing action, he responded instantly.
هر هغه غږ یا لید ته چې عمل ته اړتیا ولري، هغه سمدلاسه ځواب ورکړ.
If a husky leaped to attack, Buck could leap twice as fast.
که چیرې یو هوسکی د برید لپاره کودتا وکړي، بک کولی شي دوه چنده ګړندی کودتا وکړي.
He reacted quicker than others could even see or hear.

هغه د نورو په پرتله چټک غبرګون وښود، حتی چې نور يې ليدلی يا اوريدلی هم شو.

Perception, decision, and action all came in one fluid moment.

ادراک، پريکړه، او عمل ټول په يوه ناڅاپي شيبه کې راغلل.

In truth, these acts were separate, but too fast to notice.

په حقيقت کې، دا کړنې جلا وې، مګر د پام وړ نه وې.

So brief were the gaps between these acts, they seemed as one.

د دې کړنو ترمنځ واټن دومره لنډ وو، چې يو شان ښکاريده.

His muscles and being was like tightly coiled springs.

د هغه عضلات او وجود د کلکو تاو شويو چينو په څير وو.

His body surged with life, wild and joyful in its power.

د هغه بدن د ژوند سره په جوش کې و، په خپل ځواک کې وحشي او خوشحاله.

At times he felt like the force was going to burst out of him entirely.

کله ناکله به هغه داسې احساس کاوه چې ځواک به يې په بشپړه توګه له منځه لاړ شي.

"Never was there such a dog," Thornton said one quiet day.

تورنټن يوه خاموشه ورځ وويل.هيڅکله داسې سپی نه و" ."

The partners watched Buck striding proudly from the camp.

ملګرو يې بک وليد چې په وياړ سره له کمپ څخه وځي.

"When he was made, he changed what a dog can be," said Pete.

پيټ وويل.کله چې هغه جوړ شو، هغه بدل کړ چې سپی څه شی کيدی " شي."

"By Jesus! I think so myself," Hans quickly agreed.

په عيسی قسم"-زه پخپله هم داسې فکر کوم، "هانس ژر موافقه وکړه .

They saw him march off, but not the change that came after.

دوی هغه وليد چې روان شو، خو هغه بدلون نه چې وروسته راغی.

As soon as he entered the woods, Buck transformed completely.

کله چې باک ځنګل ته ننوت، نو په بشپړه توګه بدل شو.

He no longer marched, but moved like a wild ghost among trees.

هغه نور حرکت نه کاوه، بلکې د ونو په منځ کې د وحشي روح په څیر حرکت کاوه.

He became silent, cat-footed, a flicker passing through shadows.

هغه غلی شو، د پیشو په پښو، یو ځلیدونکی څراغ چې له سیوري څخه تیریږي.

He used cover with skill, crawling on his belly like a snake.

هغه په مهارت سره د ځان ساتنه کوله، د مار په څېر په ګېډه ګرځېده.

And like a snake, he could leap forward and strike in silence.

او د مار په څیر، هغه کولی شي مخ په وړاندې توپ ووهي او په خاموشۍ سره ووهي.

He could steal a ptarmigan straight from its hidden nest.

هغه کولی شي یو پټ مرغی د هغې له پټ ځالې څخه مستقیم غلا کړي.

He killed sleeping rabbits without a single sound.

هغه ویده سویان پرته له کوم غږ ووژل.

He could catch chipmunks midair as they fled too slowly.

هغه کولی شوای چې چیمنکونه په هوا کې ونیسي ځکه چې دوی ډیر ورو تښتیدل.

Even fish in pools could not escape his sudden strikes.

حتی په حوضونو کې کبان هم د هغه د ناڅاپي ګوزارونو څخه خلاص نشول.

Not even clever beavers fixing dams were safe from him.

حتی هغه هوښیار بیورونه چې د بندونو رغونه یې کوله، له هغه څخه خوندي نه وو.

He killed for food, not for fun—but liked his own kills best.

هغه د خوړو لپاره وژل، نه د تفریح لپاره - خو د خپلو وژلو سره یې ډېره مینه درلوده.

Still, a sly humor ran through some of his silent hunts.

بیا هم، د هغه په ځینو خاموش ښکارونو کې یو مکار طنز روان و.

He crept up close to squirrels, only to let them escape.

هغه د غویي مرغانو ته نږدې شو، یوازې یې پرېښودل چې وتښتي.

They were going to flee to the trees, chattering in fearful outrage.

دوی غوښتل چې ونو ته وتښتي، په ویره کې غوسه او چغې وهي.

As fall came, moose began to appear in greater numbers.

لکه څنګه چې مني راغله، موږک په زیات شمیر کې راځرګندیدل پیل کړل.
They moved slowly into the low valleys to meet the winter.
دوی د ژمي د تېرېدو لپاره ورو ورو ټیټو درې ته لاړل.
Buck had already brought down one young, stray calf.
باک لا دمخه یو کوچنی، بې کوره خوسکی غورځولی و.
But he longed to face larger, more dangerous prey.
خو هغه د لوی او خطرناک ښکار سره د مخامخ کېدو لېوالتیا درلوده.
One day on the divide, at the creek's head, he found his chance.
یوه ورځ د ویالې په غاړه، د ویالې په سر کې، هغه خپل چانس وموند.
A herd of twenty moose had crossed from forested lands.
د شلو موږکانو یوه ډله له ځنګلي ځمکو څخه را اوښتې وه.
Among them was a mighty bull; the leader of the group.
د دوی په منځ کې یو پیاوړی غویی هم و؛ د ډلې مشر.
The bull stood over six feet tall and looked fierce and wild.
غویی له شپږو فوټو څخه زیات لوړ و او ډېر وحشتناک او وحشي ښکارېده.
He tossed his wide antlers, fourteen points branching outward.
هغه خپل پراخ ښکرونه وغورځول، څوارلس ټکي یې بهر ته څانګې درلودې.
The tips of those antlers stretched seven feet across.
د هغو ښکرونو څوکې اووه فوټه غځېدلې وې.
His small eyes burned with rage as he spotted Buck nearby.
کله چې هغه نږدې باک ولید، د هغه کوچنۍ سترګې له غوسې ډکې شوې.
He let out a furious roar, trembling with fury and pain.
هغه یو قهرجن چیغه ووهله، له قهر او درد څخه لړزېده.
An arrow-end stuck out near his flank, feathered and sharp.
د غشي پای یې د څنډې ته نږدې و، بڼکې او تېز.
This wound helped explain his savage, bitter mood.
دې ټپ د هغه د وحشي او ترخې مزاج په تشریح کې مرسته وکړه.
Buck, guided by ancient hunting instinct, made his move.
باک، د لرغوني ښکار غریزې په لارښوونه، خپل حرکت وکړ.
He aimed to separate the bull from the rest of the herd.
هغه موخه دا وه چې غویی د نورو رمو څخه جلا کړي.

This was no easy task—it took speed and fierce cunning.
دا اسانه کار نه و - سرعت او سخت چالاکۍ ته اړتیا وه.
He barked and danced near the bull, just out of range.
هغه غویي ته نږدې وخندل او نڅا یې وکړه، چې له حده بهر و.
The moose lunged with huge hooves and deadly antlers.
موږک د لویو سومونو او وژونکو ښکرونو سره توپونه وهل.
One blow could have ended Buck's life in a heartbeat.
یوه ضربه کولی شي د باک ژوند په یوه تکان کې پای ته ورسوي.
Unable to leave the threat behind, the bull grew mad.
غویي د ګواښ پریښودو توان نه درلود، او په غوسه شو.
He charged in fury, but Buck always slipped away.
هغه په غوسه کې برید وکړ، خو بک تل له ځانه سره وتښتېد.
Buck faked weakness, luring him farther from the herd.
باک د کمزورۍ بڼه وکړه، او هغه یې له رمې څخه لرې وغځاوه.
But young bulls were going to charge back to protect the leader.
خو ځوان غوایان به د مشر د ساتنې لپاره بېرته برید وکړي.
They forced Buck to retreat and the bull to rejoin the group.
دوی بک مجبور کړ چې شاته شي او غویي دې ته اړ کړ چې بېرته له ډلې سره یوځای شي.
There is a patience in the wild, deep and unstoppable.
په ځنګل کې یو صبر شته، ژور او نه درېدلی.
A spider waits motionless in its web for countless hours.
یوه غنه په خپل جال کې بې حرکته بې شمېره ساعتونه انتظار کوي.
A snake coils without twitching, and waits till it is time.
مار پرته له دې چې وخوځېږي، ځرځیږي، او تر هغه وخته پورې انتظار کوي چې وخت راشي.
A panther lies in ambush, until the moment arrives.
یو پنتر په کمین کې پروت دی، تر هغه چې شیبه راشي.
This is the patience of predators who hunt to survive.
دا د هغو ښکاریانو صبر دی چې د ژوندي پاتې کېدو لپاره ښکار کوي.
That same patience burned inside Buck as he stayed close.
په باک کې هماغه صبر سوځېده ځکه چې هغه نږدې و.
He stayed near the herd, slowing its march and stirring fear.
هغه د رمې سره نږدې پاتې شو، د هغوی تګ یې ورو کړ او ویره یې راوپاروله.

He teased the young bulls and harassed the mother cows.
هغه ځوان غوایان ځورول او د مور غواګانې یې ځورولې.
He drove the wounded bull into a deeper, helpless rage.
هغه ټپي غويي په ژور او بې وسه غوسه کې وغورځاوه.
For half a day, the fight dragged on with no rest at all.
د نیمې ورځې لپاره، جګړه پرته له کوم آرام څخه روانه وه.
Buck attacked from every angle, fast and fierce as wind.
باک له هرې زاويې برید وکړ، د باد په څیر ګړندی او سخت.
He kept the bull from resting or hiding with its herd.
هغه غويي د آرام کولو یا د هغې د رمې سره د پټیدو څخه منع کړ.
Buck wore down the moose's will faster than its body.
باک د موږک اراده د هغه د بدن په پرتله ګړندۍ له منځه یوړه.
The day passed and the sun sank low in the northwest sky.
ورځ تېره شوه او لمر په شمال لویدیځ اسمان کې ښکته ډوبه شو.
The young bulls returned more slowly to help their leader.
ځوان غوایان د خپل مشر سره د مرستې لپاره ورو ورو راستانه شول.
Fall nights had returned, and darkness now lasted six hours.
د منې شپې بیرته راغلې وې، او تیاره اوس شپږ ساعته دوام وکړ.
Winter was pressing them downhill into safer, warmer valleys.
ژمی دوی د خوندي او تودو درو په لور ښکته خوا ته اړ ایستل.
But still they couldn't escape the hunter that held them back.
خو بیا هم دوی د هغه ښکار څخه چې دوی یې نیولي وو، وتښتېدل.
Only one life was at stake—not the herd's, just their leader's.
یوازې د یو چا ژوند په خطر کې و - د رمې نه، یوازې د دوی د مشر.
That made the threat distant and not their urgent concern.
دې کار ګواښ لرې کړ او د دوی بیړنۍ اندیښنه یې نه وه.
In time, they accepted this cost and let Buck take the old bull.
په وخت سره، دوی دا لګښت ومانه او بک ته یې اجازه ورکړه چې زوړ غويي واخلي.
As twilight settled in, the old bull stood with his head down.
کله چې ماښام شو، زوړ غويي خپل سر ښکته ودرېد.
He watched the herd he had led vanish into the fading light.

هغه هغه ډله ولیده چې هغه یې رهبري کړې وه او د تیاره رڼا په لور ورکه شوه.
There were cows he had known, calves he had once fathered.
هغه غواګانې پیژندلې، هغه خوسکي چې یو وخت یې زیږولي وو.
There were younger bulls he had fought and ruled in past seasons.
په تیرو فصلونو کې هغه ځوان غوایان سره جګړه کړې او حکومت یې کړی و.
He could not follow them—for before him crouched Buck again.
هغه نشو کولی چې دوی تعقیب کړي - ځکه چې مخکې له دې چې هغه بیا باک ته تکان ورکړي.
The merciless fanged terror blocked every path he might take.
بې رحمه وحشت هره لاره چې هغه یې اخیستلی شي بنده کړه.
The bull weighed more than three hundredweight of dense power.
د غویي وزن د درې سوه ښخه زیات د کثافت ځواک درلود.
He had lived long and fought hard in a world of struggle.
هغه ډیر وخت ژوند کړی و او د مبارزې په نړۍ کې یې سخته مبارزه کړې وه.
Yet now, at the end, death came from a beast far beneath him.
خو اوس، په پای کې، مرګ د هغه ښخه ډیر ښکته د یو ځناور ښخه راغی.
Buck's head did not even rise to the bull's huge knuckled knees.
د باک سر حتی د غویي د لویو ګونډو زنګونونو ته هم پورته نه شو.
From that moment on, Buck stayed with the bull night and day.
له هغې شیبې وروسته، باک شپه او ورځ د غویي سره پاتې شو.
He never gave him rest, never allowed him to graze or drink.
هغه هیڅکله هغه ته آرام نه ورکاوه، هیڅکله یې د څړولو یا څښاک اجازه نه ورکوله.
The bull tried to eat young birch shoots and willow leaves.
غویي هڅه وکړه چې د برچ ځواني ښانګې او د ولو پاڼې وخوري.

But Buck drove him off, always alert and always attacking.

خو باک هغه وشړلو، تل هوښيار او تل بريد کوونکی۔

Even at trickling streams, Buck blocked every thirsty attempt.

حتی په بهيدونکو ويالو کي، بک د هري تږي هڅي مخه ونيوله۔

Sometimes, in desperation, the bull fled at full speed.

ځيني وختونه، په نا اميدی کي، غويی په بشپړ سرعت سره وتښتيد۔

Buck let him run, loping calmly just behind, never far away.

باک هغه ته اجازه ورکړه چي منډه وکړي، په ارامه توگه شاته وگرځي، هيڅکله لري نه۔

When the moose paused, Buck lay down, but stayed ready.

کله چي موږک ودرېد، باک پرېووت، خو چمتو پاتی شو۔

If the bull tried to eat or drink, Buck struck with full fury.

که غويی هڅه کوله چي وخوري يا وڅښي، باک به په بشپړ قهر سره وواهه۔

The bull's great head sagged lower under its vast antlers.

د غويي لوی سر د خپلو لويو ښکرونو لاندي ښکته شو۔

His pace slowed, the trot became a heavy; a stumbling walk.

د هغه سرعت ورو شو، قدم وهل دروند شو؛ د گوزار خوړلو ور۔

He often stood still with drooped ears and nose to the ground.

هغه به ډېر ځله په ځمکه کي د غوږونو او پوزي په ښکته کولو سره ولاړ و۔

During those moments, Buck took time to drink and rest.

په دې شيبو کي، باک د څښاک او ارام کولو لپاره وخت واخيست۔

Tongue out, eyes fixed, Buck sensed the land was changing.

ژبه يي راويسته، سترگي يي ټينگي وي، باک احساس وکړ چي ځمکه بدليږي۔

He felt something new moving through the forest and sky.

هغه د ځنگل او اسمان له لاري يو څه نوی حرکت احساس کړ۔

As moose returned, so did other creatures of the wild.

لکه څنگه چي موږک راستون شو، نو د ځنگل نور مخلوقات هم راستانه شول۔

The land felt alive with presence, unseen but strongly known.

ځمکه د شتون سره ژوندۍ احساس شوه، نه لیدل کېده مګر په کلکه پیژندل شوې وه.
It was not by sound, sight, nor by scent that Buck knew this.
باک دا نه د غږ، نه د لید او نه هم د بوی له امله پوهیده.
A deeper sense told him that new forces were on the move.
ژور احساس هغه ته وویل چې نوي ځواکونه په حرکت کې دي.
Strange life stirred through the woods and along the streams.
په ځنګلونو او د ویالو په اوږدو کې عجیب ژوند روان و.
He resolved to explore this spirit, after the hunt was complete.
هغه هوډ وکړ چې د ښکار له بشپړېدو وروسته به دا روح وپلټي.
On the fourth day, Buck brought down the moose at last.
په څلورمه ورځ، باک بالاخره موږک راوویست.
He stayed by the kill for a full day and night, feeding and resting.
هغه ټوله ورځ او شپه د وژل شوي ځای سره نږدې پاتې شو، خواړه یې ورکول او آرام یې کاوه.
He ate, then slept, then ate again, until he was strong and full.
هغه وخوړل، بیا ویده شو، بیا یې وخوړل، تر هغه چې هغه قوي او مړ شو.
When he was ready, he turned back toward camp and Thornton.
کله چې هغه چمتو شو، هغه بیرته د کمپ او تورنتن په لور وګرځېد.
With steady pace, he began the long return journey home.
په ثابت سرعت سره، هغه کور ته د راستنیدو اوږد سفر پیل کړ.
He ran in his tireless lope, hour after hour, never once straying.
هغه په خپل نه ستړي کېدونکي مزل کې ساعت په ساعت منډې وهلې، او یو ځل هم بې لارې نه شو.
Through unknown lands, he moved straight as a compass needle.
هغه د نامعلومو ځمکو له لارې د کمپاس ستنې په څیر مستقیم حرکت وکړ.
His sense of direction made man and map seem weak by comparison.

د هغه د لاربنووني حس انسان او نقشه د پرتله کولو له مخې کمزوري ښکاره کړل.
As Buck ran, he felt more strongly the stir in the wild land.
لکه څنګه چې باک منډه کړه، هغه په ځنګلي ځمکه کې شور او غوغا په شدت سره احساس کړه.
It was a new kind of life, unlike that of the calm summer months.
دا د اوړي د ارامو میاشتو برعکس، یو نوی ډول ژوند و.
This feeling no longer came as a subtle or distant message.
دا احساس نور د یو پټ یا لرې پیغام په توګه نه و راغلی.
Now the birds spoke of this life, and squirrels chattered about it.
اوس مرغانو د دې ژوند په اړه خبرې کولې، او غومبسو یې په اړه خبرې کولې.
Even the breeze whispered warnings through the silent trees.
حتی باد د خاموشو ونو له لارې خبرداری ورکړ.
Several times he stopped and sniffed the fresh morning air.
څو ځله هغه ودرېد او د سهار تازه هوا یې بوی کړه.
He read a message there that made him leap forward faster.
هغه هلته یو پیغام ولوست چې هغه یې په چټکۍ سره مخ په وړاندې توپ کړ.
A heavy sense of danger filled him, as if something had gone wrong.
د خطر یو درونډ احساس هغه ډک کړ، لکه یو څه غلط شوي وي.
He feared calamity was coming—or had already come.
هغه وېرېده چې مصیبت راځي - یا لا دمخه راغلی و.
He crossed the last ridge and entered the valley below.
هغه د وروستۍ څوکې څخه تېر شو او لاندې درې ته ننوتل.
He moved more slowly, alert and cautious with every step.
هغه په هر ګام کې ورو، هوښیار او محتاط حرکت وکړ.
Three miles out he found a fresh trail that made him stiffen.
درې میله لرې هغه یوه تازه لاره وموندله چې هغه یې سخت کړ.
The hair along his neck rippled and bristled in alarm.
د هغه د غاړې ویښتان په خطر کې څپې وهلې او ځلېدل.

The trail led straight toward the camp where Thornton waited.

لاره مستقیم د هغه کمپ په لور روانه وه چیرې چې تورنټن انتظار کاوه.

Buck moved faster now, his stride both silent and swift.

باک اوس ډېر ګړندی حرکت وکړ، د هغه قدمونه خاموش او ګړندي وو.

His nerves tightened as he read signs others were going to miss.

د هغه اعصاب سخت شول کله چې هغه هغه نښې ولولې چې نور به یې له لاسه ورکړي.

Each detail in the trail told a story—except the final piece.

د لارې هر تفصیل یوه کیسه بیانوله — پرته له وروستۍ ټوټې څخه.

His nose told him about the life that had passed this way.

د هغه پوزه هغه ته د هغه ژوند په اړه وویل چې پدې لاره کې تیر شوی و.

The scent gave him a changing picture as he followed close behind.

کله چې هغه نږدې شاته روان و، بوی ورته یو بدلیدونکی انځور ورکړ.

But the forest itself had gone quiet; unnaturally still.

خو ځنګل پخپله غلی شوی و؛ په غیر طبیعي ډول ارام.

Birds had vanished, squirrels were hidden, silent and still.

مرغان ورک شوي وو، غومبسې پټې وې، خاموشې او ارامې وې.

He saw only one gray squirrel, flat on a dead tree.

هغه یوازې یوه خړ غویی ولیده، چې په یوه مړه ونې باندې چپه وه.

The squirrel blended in, stiff and motionless like a part of the forest.

ګیلري په ځنګل کې ګډه شوه، سخته او بې حرکته وه لکه د ځنګل یوه برخه.

Buck moved like a shadow, silent and sure through the trees.

باک د سیوري په څیر حرکت وکړ، خاموش او ډاډه د ونو له لارې.

His nose jerked sideways as if pulled by an unseen hand.

د هغه پوزه داسې خوا ته وخوځېده لکه د یو ناڅرګند لاس لخوا راښکته شوې وي.

He turned and followed the new scent deep into a thicket.

هغه مخ واړاوه او د نوي بوی تعقیب یې په یوه ځنګله کې ژور کړ.

There he found Nig, lying dead, pierced through by an arrow.

هلته یې نیک وموند، مړ پروت و، چې د غشي په واسطه سوری شوی و.
The shaft passed clear through his body, feathers still showing.
د هغه له بدن څخه د هغه د بدن له لارې تېر شو، بڼکې یې لا هم ښکارېدې.
Nig had dragged himself there, but died before reaching help.
نګ ځان هلته کش کړ، خو مرستې ته له رسیدو مخکې مړ شو.
A hundred yards farther on, Buck found another sled dog.
سل گزه لرې، بک یو بل سلیج سپی وموند.
It was a dog that Thornton had bought back in Dawson City.
دا یو سپی و چې تورنټن په ډاوسن ښار کې بیرته اخیستی و.
The dog was in a death struggle, thrashing hard on the trail.
سپی د مرګ په مبارزه کې و، په لاره کې یې سخت وهل.
Buck passed around him, not stopping, eyes fixed ahead.
باک د هغه شاوخوا تېر شو، نه ودرېد، سترګې یې مخې ته ولاړې وې.
From the direction of the camp came a distant, rhythmic chant.
د کمپ له لوري یو لرې، تال لرونکی سندره راغله.
Voices rose and fell in a strange, eerie, sing-song tone.
غږونه په یوه عجیب، ویرونکي، سندرې غږ کې پورته او ښکته شول.
Buck crawled forward to the edge of the clearing in silence.
باک په خاموشۍ سره د پاکولو څنډې ته مخ په وړاندې روان شو.
There he saw Hans lying face-down, pierced with many arrows.
هلته یې هانس ولید چې مخ یې ښکته پروت و، په ډېرو غشو سوری شوی و.
His body looked like a porcupine, bristling with feathered shafts.
د هغه بدن د یو شکی په څیر ښکاریده، چې د بڼکو لرونکو ځانګو څخه ډک و.
At the same moment, Buck looked toward the ruined lodge.
په همدې شیبه کې، باک د ویجاړ شوي لاج په لور وکتل.
The sight made the hair rise stiff on his neck and shoulders.
دې لید د هغه په غاړه او اوږو باندې ویښتان سخت کړل.
A storm of wild rage swept through Buck's whole body.

د باک په ټول بدن کې د وحشي غضب یو طوفان راښکاره شو.
He growled aloud, though he did not know that he had.
هغه په لوړ غږ وخندل، که څه هم هغه نه پوهیده چې هغه یې کړی دی.
The sound was raw, filled with terrifying, savage fury.
غږ خام و، له وېروونکي او وحشي قهر څخه ډک و.
For the last time in his life, Buck lost reason to emotion.
په خپل ژوند کې د وروستي ځل لپاره، باک د احساساتو پر وړاندې دلیل له لاسه ورکړ.
It was love for John Thornton that broke his careful control.
دا د جان تورنتن سره مینه وه چې د هغه محتاط کنټرول یې مات کړ.
The Yeehats were dancing around the wrecked spruce lodge.
یهات د ویجاړ شوي سپروس لاج شاوخوا نڅا کوله.
Then came a roar—and an unknown beast charged toward them.
بیا یو شور راغی - او یو نامعلوم ځناور د دوی په لور برید وکړ.
It was Buck; a fury in motion; a living storm of vengeance.
دا باک وو؛ یو غوسه چې په حرکت کې وه؛ د انتقام یو ژوندی طوفان.
He flung himself into their midst, mad with the need to kill.
هغه ځان د هغوی په منځ کې وغورځاوه، د وژلو اړتیا څخه لیونی شو.
He leapt at the first man, the Yeehat chief, and struck true.
هغه په لومړي سړي، یهات مشر، ټوپ وواهه او ریښتیا یې وواهه.
His throat was ripped open, and blood spouted in a stream.
د هغه ستونی څیری شوی و، او وینه په یوه ویاله کې بهیده.
Buck did not stop, but tore the next man's throat with one leap.
باک ونه دریږد، خو په یوه ټوپ سره یې د بل سړي ستونی څیری کړ.
He was unstoppable—ripping, slashing, never pausing to rest.
هغه نه دریدلی و - څیرې کول، پرې کول، هیڅکله یې د آرام کولو لپاره وقفه نه کوله.
He darted and sprang so fast their arrows could not touch him.
هغه دومره تېز منډه وکړه او منډې یې کړې چې د هغوی غشي یې هغه ته ونه رسیدل.
The Yeehats were caught in their own panic and confusion.
یحیان په خپله ویره او ګډوډۍ کې ګیر وو.

Their arrows missed Buck and struck one another instead.

د دوی تیرونه د باک څخه ووتل او پرځای یي یو بل ولګېدل۔

One youth threw a spear at Buck and hit another man.

یوه ځوان په باک باندي نیزه وغورځوله او بل سړی یي وواهه۔

The spear drove through his chest, the point punching out his back.

نیزه یی له سینه څخه تېره کړه، نوک یي شاته ګوزار وکړ۔

Terror swept over the Yeehats, and they broke into full retreat.

په یحیی ګانو باندي ویره خپره شوه، او دوی په بشپړ ډول په شاتګ ته اړ شول۔

They screamed of the Evil Spirit and fled into the forest shadows.

هغوی د شیطان روح څخه چیغي وهلی او د ځنګل سیوري ته وتښتېدل۔

Truly, Buck was like a demon as he chased the Yeehats down.

په ریښتیا سره، باک د شیطان په څېر و کله چي هغه د بیهاتانو تعقیب کاوه۔

He tore after them through the forest, bringing them down like deer.

هغه د ځنګله له لاري هغوی پسي وویشتل، او د هوسی په څېر یي لاندي راوستل۔

It became a day of fate and terror for the frightened Yeehats.

دا د ویره لرونکو یحیاته لپاره د برخلیک او وحشت ورځ شوه۔

They scattered across the land, fleeing far in every direction.

هغوی په ټوله ځمکه کي خپاره شول، او په هره خوا کي وتښتېدل۔

A full week passed before the last survivors met in a valley.

یوه بشپړه اونۍ تېره شوه مخکي لدي چي وروستي ژوندي پاتي شوي کسان په یوه دره کي سره ولیدل۔

Only then did they count their losses and speak of what happened.

یوازي بیا یي خپل زیانونه وشمېرل او د هغه څه په اړه یي خبري وکړي چي پېښ شوي وو۔

Buck, after tiring of the chase, returned to the ruined camp.

باک، د تعقیب څخه ستړی کېدو وروسته، ویجاړ شوي کمپ ته راستون شو۔

He found Pete, still in his blankets, killed in the first attack.

هغه پیټ وموند، چې لا هم په خپلو کمپلو کې و، په لومړي برید کې ووژل شو.

Signs of Thornton's last struggle were marked in the dirt nearby.

د تورنتن د وروستۍ مبارزې نښې نښانې په نږدې خاوره کې لیدل شوې وې.

Buck followed every trace, sniffing each mark to a final point.

باک هره نښه تعقیب کړه، هر نښه یې تر وروستۍ نقطې پورې بوی کړه.

At the edge of a deep pool, he found faithful Skeet, lying still.

د یوې ژورې حوض په څنډه کې، هغه وفادار سکیټ وموند، چې ارام پروت و.

Skeet's head and front paws were in the water, unmoving in death.

د سکیټ سر او مخکینۍ پښې په اوبو کې وې، په مرګ کې بې حرکته وې.

The pool was muddy and tainted with runoff from the sluice boxes.

حوض خټکی و او د سیندونو د بندونو څخه د اوبو په بهېدو ککړ و.

Its cloudy surface hid what lay beneath, but Buck knew the truth.

د هغې وریځې سطحې هغه څه پټ کړل چې لاندې وو، مګر بک حقیقت پوهیده.

He tracked Thornton's scent into the pool—but the scent led nowhere else.

هغه د تورنتون بوی په حوض کې تعقیب کړ - مګر بوی بل ځای ته ونه رسېد.

There was no scent leading out—only the silence of deep water.

هیڅ بوی نه وو راوتلی - یوازې د ژورو اوبو چوپتیا.

All day Buck stayed near the pool, pacing the camp in grief.

ټوله ورځ باک د حوض سره نږدې پاتې شو، او په غم کې یې کمپ ته مخه کړه.

He wandered restlessly or sat in stillness, lost in heavy thought.

هغه په نارامه توگه گرځېده يا په خاموشی کې ناست و، په درنو فکرونو کې ورک و.

He knew death; the ending of life; the vanishing of all motion.

هغه مرگ پوهیده؛ د ژوند پای؛ د ټولو حرکتونو ورکیدل.

He understood that John Thornton was gone, never to return.

هغه پوه شو چې جان تورنټن تللی دی، هیڅکله به بیرته نه راځي.

The loss left an empty space in him that throbbed like hunger.

دې زيان په هغه کې يو تش ځای پريښود چې د لوږې په څير تکان ورکاوه.

But this was a hunger food could not ease, no matter how much he ate.

خو دا هغه لوږه وه چې خواړه يې نه شوای کمولی، مهمه نه ده چې هغه څومره وخوړل.

At times, as he looked at the dead Yeehats, the pain faded.

کله ناکله، کله چې هغه مړو يهاتانو ته کتل، درد به يې کم شو.

And then a strange pride rose inside him, fierce and complete.

او بيا د هغه دننه يو عجيب غرور راپورته شو، سخت او بشپړ.

He had killed man, the highest and most dangerous game of all.

هغه انسان وژلی و، چې تر ټولو لوړه او خطرناکه لوبه وه.

He had killed in defiance of the ancient law of club and fang.

هغه د کلپ او فينگ د لرغوني قانون په خلاف ورزي کې وژل شوی و.

Buck sniffed their lifeless bodies; curious and thoughtful.

باک د دوی بې جانه بدنونه بوی کړل، په ليوالتيا او فکر کې.

They had died so easily—much easier than a husky in a fight.

دوی په ډیره اسانی سره مړه شوي وو - په جگړه کې د هسکي په پرتله ډیر اسانه.

Without their weapons, they had no true strength or threat.

د دوی د وسلو پرته، دوی هیڅ ریښتینی ځواک یا گواښ نه درلود.

Buck was never going to fear them again, unless they were armed.

باک به بیا هیڅکله له دوی څخه ونه وېرېږي، پرته لدې چې دوی وسله وال وي۔
Only when they carried clubs, spears, or arrows he'd beware.
یوازې هغه وخت چې دوی به ډنډې، نېزې یا غشي وړل، هغه به یې خبر وو۔

Night fell, and a full moon rose high above the tops of the trees.
شپه شوه، او یوه بشپړه سپوږمۍ د ونو له سرونو پورته راښکاره شوه۔
The moon's pale light bathed the land in a soft, ghostly glow like day.
د سپوږمۍ سپکې رڼا ځمکه د ورځې په څېر په نرم، ارواحي رڼا کې غسل کړه۔
As the night deepened, Buck still mourned by the silent pool.
لکه څنګه چې شپه ژوره شوه، باک لا هم د خاموش حوض په غاړه غمجن و۔
Then he became aware of a different stirring in the forest.
بیا هغه په ځنګله کې د یو بل خوځښت څخه خبر شو۔
The stirring was not from the Yeehats, but from something older and deeper.
دا خوځښت د یحیاتانو له خوا نه و، بلکې د یو څه زاړه او ژور څخه و۔
He stood up, ears lifted, nose testing the breeze with care.
هغه ولاړ شو، غوږونه یې پورته کړل، پوزه یې په احتیاط سره د باد ازموینه کوله۔
From far away came a faint, sharp yelp that pierced the silence.
له لرې څخه یو سپک او تیز چیغه راغله چې چوپتیا یې ماته کړه۔
Then a chorus of similar cries followed close behind the first.
بیا د لومړي تر شا د ورته چیغو یوه ډله راغله۔
The sound drew nearer, growing louder with each passing moment.
غږ نږدې کېده، د هرې تېرېدونکې شیبې سره لوړېده۔
Buck knew this cry—it came from that other world in his memory.

باک دا ژړا پیژنده - دا د هغه په حافظه کې له بلې نړۍ څخه راغلې وه.
He walked to the center of the open space and listened closely.
هغه د خلاصې فضا مرکز ته لاړ او په دقت سره يې غوږ ونيو.
The call rang out, many-noted and more powerful than ever.
زنگ وواهه، ډېر د پام وړ او تر بل هر وخت ډېر قوي.
And now, more than ever before, Buck was ready to answer his calling.
او اوس، د پخوا په پرتله، باک د هغه غوښتنې ته د ځواب ويلو لپاره چمتو و.
John Thornton was dead, and no tie to man remained within him.
جان تورنتن مړ شو، او د انسان سره هيڅ اړيکه يې په ځان کې پاتې نه شوه.
Man and all human claims were gone—he was free at last.
انسان او ټولې انساني ادعاوې له منځه لاړې - بالاخره هغه آزاد شو.
The wolf pack were chasing meat like the Yeehats once had.
د ليوانو ډله د يهاتانو په څير غوښې تعقيبوي.
They had followed moose down from the timbered lands.
دوی د ځنگلي ځمکو څخه د موږک په تعقيب راوتلي وو.
Now, wild and hungry for prey, they crossed into his valley.
اوس، وحشي او د ښکار وږي، دوی د هغه دره ته ننوتل.
Into the moonlit clearing they came, flowing like silver water.
دوی د سپوږمۍ روښانه ځاه ته راغلل، د سپينو زرو اوبو په څير بهېدل.
Buck stood still in the center, motionless and waiting for them.
باک په مرکز کې ولاړ و، بې حرکته او د دوی په تمه و.
His calm, large presence stunned the pack into a brief silence.
د هغه ارام او لوی شتون ټولګيوال په يوه لنده چوپتيا کې حيران کړل.
Then the boldest wolf leapt straight at him without hesitation.
بيا تر ټولو زړور ليوه پرته له ځنډه په مستقيم ډول پر هغه ټوپ وواهه.
Buck struck fast and broke the wolf's neck in a single blow.
باک په چټکۍ سره وواهه او په يوه گوزار کې يې د ليوه غاړه ماته کړه.

He stood motionless again as the dying wolf twisted behind him.

هغه بیا بې حرکته ولاړ و کله چې مړ لیوه یې شاته تاو شو.

Three more wolves attacked quickly, one after the other.

درې نورو لیوانو په چټکۍ سره برید وکړ، یو په بل پسې.

Each retreated bleeding, their throats or shoulders slashed.

هر یو په وینه بهېدو سره شاته شو، د دوی ستوني یا اوږې پرې شوې.

That was enough to trigger the whole pack into a wild charge.

دا کافي وه چې ټوله ډله په وحشي ډول برید ته وهڅوي.

They rushed in together, too eager and crowded to strike well.

دوی یوځای منډه کړه، ډېر لیواله او ګڼه ګوڼه وه چې ښه برید یې ونه کړ.

Buck's speed and skill allowed him to stay ahead of the attack.

د باک سرعت او مهارت هغه ته اجازه ورکړه چې د برید څخه مخکې پاتې شي.

He spun on his hind legs, snapping and striking in all directions.

هغه په خپلو شاته پښو تاوېده، په ټولو خواوو کې یې ټوپونه وهل او وهل.

To the wolves, this seemed like his defense never opened or faltered.

لیوانو ته، دا داسې ښکارېده چې د هغه دفاع هیڅکله خلاصه یا ناکامه نه شوه.

He turned and slashed so quickly they could not get behind him.

هغه وګرځېد او دومره ژر یې وواهه چې دوی یې شاته نشوای راتلای.

Nonetheless, their numbers forced him to give ground and fall back.

سره له دې، د دوی شمېر هغه دې ته اړ کړ چې تسلیم شي او بېرته راشي.

He moved past the pool and down into the rocky creek bed.

هغه د حوض څخه تېر شو او د ډبرین ویالې ته ښکته شو.

There he came up against a steep bank of gravel and dirt.

هلته هغه د جغل او خاورې یوې لوړې غاړې ته ورسېد.

He edged into a corner cut during the miners' old digging.

هغه د کان کیندونکو د زاړه کیندلو په جریان کې په یوه کنده کې وخوت.

Now, protected on three sides, Buck faced only the front wolf.

اوس، چې له دریو خواوو خوندي و، بک یوازې د مخکینۍ لیوه سره مخ و.

There, he stood at bay, ready for the next wave of assault.

هلته، هغه په خلیج کې ولاړ و، د برید بلې څپې ته چمتو و.

Buck held his ground so fiercely that the wolves drew back.

باک دومره په کلکه خپله ځمکه ونیوله چې لیوان بیرته ووتل.

After half an hour, they were worn out and visibly defeated.

د نیم ساعت وروسته، دوی ستړي شول او په ښکاره ډول ماتې وخوړه.

Their tongues hung out, their white fangs gleamed in moonlight.

ژبې یې خپرې شوې وې، سپینې غاښونه یې د سپوږمۍ په رڼا کې ځلېدل.

Some wolves lay down, heads raised, ears pricked toward Buck.

ځینې لیوان پراته وو، سرونه یې پورته کړي وو، غوږونه یې د باک په لور نیولي وو.

Others stood still, alert and watching his every move.

نور ولاړ وو، هوښیار وو او د هغه هر حرکت یې څارلو.

A few wandered to the pool and lapped up cold water.

څو تنه حوض ته لاړل او سړې اوبه یې وڅښلې.

Then one long, lean gray wolf crept forward in a gentle way.

بیا یو اوږد، نرۍ خړ لیوه په نرمۍ سره مخ په وړاندې روان شو.

Buck recognized him—it was the wild brother from before.

باک هغه وپیژنده - دا د پخوا وحشي ورور و.

The gray wolf whined softly, and Buck replied with a whine.

خړ لیوه په نرمۍ سره چیغې وهلې، او بک په چیغې سره ځواب ورکړ.

They touched noses, quietly and without threat or fear.

دوی په خاموشۍ او پرته له ګواښ یا ویرې پوزې ته لاس ورکړ.

Next came an older wolf, gaunt and scarred from many battles.

ورپسې یو زوړ لیوه راغی، کمزوری او د ډیرو جګړو له امله ټپي شوی و.

Buck started to snarl, but paused and sniffed the old wolf's nose.

باک په ژړا پیل وکړ، خو ودرېد او د زاړه لیوه پوزه یې بوی کړه.

The old one sat down, raised his nose, and howled at the moon.

بوډا کښېناست، پوزه يې پورته کړه، او سپوږمۍ ته يې چيغه کړه.

The rest of the pack sat down and joined in the long howl.

پاتې ډله کښېناست او په اوږده چيغه کې يې ګډون وکړ.

And now the call came to Buck, unmistakable and strong.

او اوس زنګ باک ته راغی، بې له شکه او قوي.

He sat down, lifted his head, and howled with the others.

هغه کښېناست، سر يې پورته کړ، او د نورو سره يې چيغې وهلې.

When the howling ended, Buck stepped out of his rocky shelter.

کله چې چيغې پای ته ورسېدې، باک له خپل ډبرين سرپناه څخه راووت.

The pack closed in around him, sniffing both kindly and warily.

کڅوړه يې شاوخوا وتړله، په مهربانۍ او احتياط سره يې بوی کاوه.

Then the leaders gave the yelp and dashed off into the forest.

بيا مشرانو چيغه وکړه او ځنګل ته وتښتېدل.

The other wolves followed, yelping in chorus, wild and fast in the night.

نور ليوان هم ورپسې راغلل، په ګډه يې چيغې وهلې، په شپه کې وحشي او ګړندي وو.

Buck ran with them, beside his wild brother, howling as he ran.

باک د دوی سره منډه کړه، د خپل وحشي ورور تر څنګ، د منډې وهلو په وخت کې يې چيغې وهلې.

Here, the story of Buck does well to come to its end.

دلته، د باک کيسه ښه پای ته رسيږي.

In the years that followed, the Yeehats noticed strange wolves.

په راتلونکو کلونو کې، ييهاتانو عجيب ليوان وليدل.

Some had brown on their heads and muzzles, white on the chest.

د ځينو په سرونو او مخونو نسواري رنګ وو، او په سينه يې سپين رنګ وو.

But even more, they feared a ghostly figure among the wolves.

خو تر دې هم زيات، دوی د ليوانو په منځ کې د يوې ارواحي څېرې څخه وېرېدل.

They spoke in whispers of the Ghost Dog, leader of the pack.

دوی د ډلې مشر، د غوسټ سپي په اړه په غوږونو کې خبرې کولې.

This Ghost Dog had more cunning than the boldest Yeehat hunter.

دا سپی د تر ټولو زړور ښکاری يهات څخه ډير چالاک وو.

The ghost dog stole from camps in deep winter and tore their traps apart.

ارواحي سپی په ژور ژمي کې له کمپونو څخه غلا وکړه او د هغوی جالونه يې جلا کړل.

The ghost dog killed their dogs and escaped their arrows without a trace.

د ارواحو سپي خپل سپي ووژل او خپل تيرونه يې پرته له کومې نښې څخه وتښتول.

Even their bravest warriors feared to face this wild spirit.

حتی د دوی زړور جنګيالي هم د دې وحشي روح سره د مخ کيدو څخه ويره درلوده.

No, the tale grows darker still, as the years pass in the wild.

نه، کيسه نوره هم تياره کيږي، لکه څنګه چې کلونه په ځنګل کې تيريږي.

Some hunters vanish and never return to their distant camps.

ځيني ښکاريان ورک کيږي او هيڅکله خپلو لرې کمپونو ته نه راستنيږي.

Others are found with their throats torn open, slain in the snow.

نور يې په داسې حال کې موندل شوي چې ستوني يې پرې شوي او په واورو کې وژل شوي دي.

Around their bodies are tracks—larger than any wolf could make.

د دوی د بدن شاوخوا نښې دي - د هر ليوه څخه لوی.

Each autumn, Yeehats follow the trail of the moose.

هر منی کې، ييهات د موږک لاره تعقيبوي.

But they avoid one valley with fear carved deep into their hearts.

خو دوی له یوې داسې درې څخه ډډه کوي چې ویره یې په زړونو کې ژوره نقش شوې ده.
They say the valley is chosen by the Evil Spirit for his home.
دوی وايي چې دا دره د شیطان روح لخوا د خپل کور لپاره غوره شوې ده.
And when the tale is told, some women weep beside the fire.
او کله چې کیسه ویل کیږي، ځینې ښځې د اور تر څنګ ژاړي.
But in summer, one visitor comes to that quiet, sacred valley.
خو په دوبي کې، یو لیدونکی دې ارامه او مقدسې درې ته راځي.
The Yeehats do not know of him, nor could they understand.
یحیان د هغه په اړه نه پوهیږي، او نه هم دوی پوهیدلی شي.
The wolf is a great one, coated in glory, like no other of his kind.
لیوه یو لوی لیوه دی، په جلال پوښل شوی، لکه د بل چا په څیر نه.
He alone crosses from green timber and enters the forest glade.
هغه یوازې د شنه لرګیو څخه تیریږي او د ځنګله ګلیډ ته ننوځي.
There, golden dust from moose-hide sacks seeps into the soil.
هلته، د موږکانو د پټو کڅوړو څخه طلایي دوړې په خاوره کې ننوځي.
Grass and old leaves have hidden the yellow from the sun.
واښو او زړو پاڼو ژیړ رنګ د لمر څخه پټ کړی دی.
Here, the wolf stands in silence, thinking and remembering.
دلته، لیوه په چوپتیا کې ولاړ دی، فکر کوي او یادونه کوي.
He howls once—long and mournful—before he turns to go.
هغه یو ځل چیغې وهي - اوږده او غمجن - مخکې لدې چې بیرته لاړ شي.
Yet he is not always alone in the land of cold and snow.
خو هغه تل د سړې او واورې په ځمکه کې یوازې نه وي.
When long winter nights descend on the lower valleys.
کله چې د ژمي اوږدې شپې په ټیټو دره کې راښکته شي.
When the wolves follow game through moonlight and frost.
کله چې لیوان د سپوږمۍ رڼا او یخنۍ له لارې لوبه تعقیبوي.
Then he runs at the head of the pack, leaping high and wild.
بیا هغه د ډلې په سر منډه وهي، لوړ او وحشي توپ وهي.

His shape towers over the others, his throat alive with song.
د هغه بڼه د نورو په پرتله لوړه ده، د هغه ستونی د سندرو سره ژوندی دی.
It is the song of the younger world, the voice of the pack.
دا د ځواني نړۍ سندره ده، د تولګي غږ.
He sings as he runs—strong, free, and forever wild.
هغه د منډې وهلو په وخت کې سندرې وايي — قوي، آزاد، او د تل لپاره وحشي.